最地理课堂

The Authentic Geography Class

王晶华 著

山东教育出版社
·济南·

图书在版编目（CIP）数据

最地理课堂 / 王晶华著 . — 济南：山东教育出版社，2022. 5

ISBN 978-7-5701-1968-4

Ⅰ. ①最… Ⅱ . ①王… Ⅲ . ①中学地理课 – 教学研究 – 高中 Ⅳ . ①G633. 552

中国版本图书馆CIP数据核字（2022）第004966号

ZUI DILI KETANG

最地理课堂 王晶华 著

主管单位：山东出版传媒股份有限公司

出版发行：山东教育出版社

地址：济南市市中区二环南路2066号4区1号 邮编：250003

电话：（0531）82092660 网址：www.sjs.com.cn

印 刷：济南万方盛景印刷有限公司

版 次：2022年5月第1版

印 次：2022年5月第1次印刷

开 本：710毫米×1000毫米 1/16

印 张：18.25

字 数：230千

定 价：56.00元

目录

打开课堂密码的人

王晶华老师是为数不多的令我敬仰的教育人。

2009年初，我陪同教育部副部长陈小娅同志到章丘四中考察创新教育改革，座谈会上王老师的发言让我印象深刻。此后，王晶华老师的教育智慧、教学探索更是引起了我的关注。我常常为她不断涌现的教育创新火花击节叫好，常常敬佩于她那颗宁静致远的教育之心……

王晶华老师是这个时代课堂教学改革的弄潮儿。

在世俗的眼里，王晶华老师是一个“不懂世事”的人。她有时质朴、纯粹得像一个透明的“玻璃人”，但是，一谈到教学，她眼中立马就充满了光亮，聪明、睿智得无人能比。她说过，“教学，是我遇到的最有趣、最神奇的事情。我曾全身心地投入其中，它们让我找到生命存在最清晰的理由。而且，我能用温暖的方块字，把那些有趣而神奇的时光留存下来，给自己内心一个浪漫、安全而温暖的投靠”。她依据课程标准开发课程资源，设计了一整套高中地理教学课件。她开发深度学习工具包，设计微专题，研究答题模板，制作概念图……乐此不疲。

地理的学科特色使得地理课堂需要对接生活的情境，需要根植生活的土壤，需要融入生活的智慧。她在多年教学中发现，有些学生学习出现困难的内容并不是知识本身难度过大，而是因为学生缺少生活经验的支撑，无法实现知识学习的“同化”和“顺应”而导致的。早在2009年，她就开始寻找地理学科教学与实践性学习的融合之路。

2010年，经过层层选拔，她被国家留学基金委和教育部基础教育司录取为教育部首批中小学理工科教师赴美访问学者。她深入美国课堂180天，听课400多节，写下50多万字的访学笔记。2012年，她作为翻译兼领队带领齐鲁名师考察团赴澳大利亚访学，听课100多节。这些经历引发了她对学科项目学习的关注和探索。

她认为，项目学习是素养落实到具体教学中的锚点。十多年来，她借鉴国外多学科的项目学习实施案例，依据国家课程标准，开发了26个高中地理学习项目，并总结出项目学习课程开发与实施的三个关键步骤——任务清晰（教学目标具体化）、指令清晰（项目评价贯穿始终）、产品清晰（学习成果可见），走上了高中地理项目学习课程化之路。项目学习为学生深度学习提供路径和平台，把导、学、评有机结合起来，使学习目标变得可评、可测、可观察，带来“可见的学习”。这样的学习不仅培养了学生查阅资料、处理信息、自主探究的能力，促进学生将所学知识和自我实践相结合，还给学生知识迁移和创新提供了很大的空间。更重要的是，这样的学习方式照顾到了不同学生的学习水平和学习效果，学生的独立思索、批判性思维、创新性思维等能力也潜移默化地培养了起来。

在教育从“知识时代”步入“素养时代”的背景下，素养导向的课堂变革应时而生。她又开始探索大单元教学，旨在使学生具备人地协调观、综合思维、区域认知、地理实践力等地理学科核心素养，学会从地理视角认识、欣赏自然和人文环境，懂得人与自然和谐共生的道理，提高生活品位和精神境界，培养德智体美劳全面发展的合格公民。

王晶华老师是课堂的舞者。

课堂是教师和学生生活的舞台，王晶华老师是师生课堂生命之舞的领舞者！她带领她的学生舞出了课堂生活最动人的乐章，打开了师生生命课堂的密码。这就是：

1. **信念**。她认为，教学是一项充满了无限可能的事业，课堂是可以创造无限可能的地方！正是这种执着的教育信念，支撑着王老师和她的学生，在属于他们自己的生命课堂里，创造出一个个生命成长的故事。

2. **兴趣**。王老师说："我热爱教学，它是我今生天造地设的相遇。初为人师时，我对自己的要求很简单，就是让学生盼着上我的课。何以实现？奥秘存在于细节里，教师对教学细节的敏感、揣摩、设计、实施、反思、重建是点亮课堂的法宝。我从不满足于'程式化'的教学，而是一直在自信和自负下不断地在教学中'找乐子'。"课有经纬，教不设限。王老师始终认为没有最好的模式，只有最适合的方法，她自信"总会有创新的点子"。她始终在思索如何用好玩的、值得期待的、令人惊喜的设计，让教学内容以多种形式呈现，激发学生对地理课的兴趣；设法选择课堂的切入点，让学生对老师和自己都充满信心和期待，每节课都像一次新鲜的约会。

3. **问题**。在课堂教学中，王老师特别注重问题情境的创设、问题发现和问题解决的设计，尤其是她通过项目学习，在学科知识与生活世界之间搭建桥梁，引领学生对自然和生活的关注，引导学生在问题发现和问题解决中，提升地理实践力和综合思维能力，彰显了地理的学科本质和学科魅力。

4. **建构**。走进生活的地理教学，让学生期待，让学生着迷。王老师带领学生去胡山综合考察，去白云湖进行湿地水质调查，对"限塑令"在生活中的实施情况进行访谈，去调研章丘的交通安全状况，去农场体验生活，去化肥厂、造纸厂、鼓风机厂了解工业生产，她和学生一起观察月相、昼夜长短和日影的变化，测量楼间距和太阳高度角，调研商业中心布局的规律……

由科学世界向生活世界回归的地理大课堂，显示出学科的开放和活力。原来互不相干、毫无生气的知识点，在真实情境中因显示出相互的关联而"活"了过来，变得有了意义，有了温度，有了色彩，有了生命。在王老师的课堂上，学生可以体验思维、顿悟、创造、差异、自由、主动、情感、审美、个性、尊严、深度生成，以及惊喜……学生收获了知识建构、情感建构、道德建构。

5. **胜任感**。王老师创设安全的课堂氛围，让学生的身心处于最佳状态；设法让学生明确学习目标和结果，对学生的学习和进步即时评价；尽量给学生犯错的机会，给学生自由参与探索和表达的机会……她让学生为世界优质农产品代言，为世界文化代言，调查家族人口变迁史，针对小区的采光问题对话房地产商，进行校园植物调查，聚焦生态脆弱区……在王老师的课堂上，她给了学生满满的胜任感，让学生在课堂生活中充满兴趣和自信！或许，学生从来都不是在一次又一次的失败中站起来的，而是在一次又一次从失败走向成功的胜任感中站起来的！

《最地理课堂》一书是王老师几十年来在课堂教学的自由王国中探索创新的结晶。全书分为四章，第一章"教学问道"，是对课堂教学的思考和追问。第二章“课堂采风”，是三十年课堂教学实践的典型案例。第三章“实践性学习之路”，是地理实践性学习的探索和实践历程。第四章“项目学习探索”，是项目学习本土化、课程化的探索历程。附录部分是王老师的成长印记。在各章节之间，有以二十四节气图文为主题的分隔页，这些具有中国特色的“地理印章”使本书呈现出不一样的灵动。我常常惊诧于王老师那细腻、独特而富有诗意的语言，它们时不时地闯入你的眼帘，卷走你的心。

对于王晶华老师来说，《最地理课堂》绝不是简简单单的一本书，这本书洋溢着她的教育青春，记录着她和学生共创的课堂生命之歌！翻开它，就可以让王老师回到年轻的充满智慧的教育岁月，甚至让她感觉到所有逝去的时光都能重来的狂喜和感激！

张志勇

2021年12月17日于北京

第一乐章　教学问道

我热爱教学，它是我今生天造地设的相遇。对教学细节的敏感、揣摩、设计、实施、反思、重建，常常让我着迷。我从不满足于『程式化』的教学，而是一直在自信和自负下不断地在教学中『找乐子』。

课堂视界

这是个“百家争鸣”的时代。“先学后教”“学案导学”“少教多学”“堂堂清、日日清”“以学定教”“主题教学”“大单元教学”“项目化学习”“大概念教学”“做中学”……不是我不明白，而是这世界变化快。作为一线教师，你不得不承认，教学是个复杂而神奇的过程，它值得你用一生去探索，去发现，去实践……

始于需求

课堂，从学生需求开始。

美国心理治疗学家格拉瑟在其著作《优异的学校：无强制的学生管理》中说：“教学即使在最优良的教学条件下也不是容易的，而不考虑学生或教师的需要则几乎不可能完成教学这个本已艰难的任务，任何忽视教师或学生需要的教学必定要失败。”

学生是我们的服务对象。教学内容和方式的选择，如补充内容的取舍，自主学习活动的安排……都应该以关注学生的需求为出发点，只有关注学生需求的课堂才有价值。不需要太多，在一些关键的地方，稍微一拓展、一点拨，课堂就会呈现不一样的精彩，而这些关键之处，需要教师关注学生需求，提升学科智慧才能准确把握。

1. 心理需求

研究表明，80%学习困难的学生与过重的心理压力有关。如果一个人的生活充满了快乐，并怀着喜悦的心情去做事，那么好的人、事、物都会和他发生共鸣，他所拥有的每一天，都是熠熠生辉、圆圆满满的。

教师要善于给学生营造宽松愉悦的学习、成长环境，这比学识渊博更重要。真诚的欣赏和鼓励，师生间民主、平等、和谐的关系，同伴间良好的合作关系，丰富多彩的班级活动，宽松愉悦的氛围……更能从内心感召学生，使他们愿意到课堂上来。

我常常思索如何用好玩的、值得期待的、令人惊喜的设计，让教学内容以多种形式呈现，来激发学生对地理课的兴趣；创设安全的课堂氛围，让学生的身心处于最佳状态——身板挺直，眼里有光；设法让学生明确学习目标和结果，对学生的学习和进步即时评价；设法选择课堂的切入点和有效的方法，给学生思维搭建平台；尽量给学生犯错的机会，给学生自由参与探索和表达的机会；让学生对我和他自己都充满信心和期待；注重问题情境的创设、问题发现和问题解决的设计……在我的课堂上可以体验思维，体验顿悟，体验创造，体验差异，体验自由，体验主动，体验情感，体验审美，体验个性，体验尊严，体验深度生成，体验意料之外的惊喜，每节课都像一次新鲜的约会。

一名学生这样评价我的课："我们喜欢上地理，很轻松，不像其他课那么拘束。你会不由自主投入其中，很多东西都能当堂掌握。"这可能是我不给学生太多压力，课堂氛围良好的缘故。在我的课上，学生有疑问可直接提出来；有自己的新发现可给大家展示；犯了错只要改正，就不会被训斥。但我绝不放松要求，我会用科学、艺术、充满情感的课堂，紧紧抓住学生的心。老师们常说：“别看王老师看起来很轻松，但她班的成绩总是很好。”

教育大于教学。面对青春洋溢的孩子们，教师应该把情感、思想落实到每天的教育细节中，使教育的过程成为一个充满人情味的过程。我的学生回忆起他们的地理课，都觉得那是一段阳光灿烂的岁月。我很自豪！

2. 认知需求

苏联教育家苏霍姆林斯基在《给教师的建议》中说：“在人们的心灵深处，都有一种根深蒂固的需要，这就是希望感到自己是一个发现者、研究者、探索者。而在青少年的精神世界中，这种需求则特别强烈。”

我始终认为：在课堂上，遵循学生的认知需求，是教师对学生最大的尊重。要了解学生感兴趣的是什么，设想学生在学习时会出现什么兴奋点或疑难点；要了解学生明白什么，尊重学生已有的生活经验和认知水平；要了解学生的认知障碍点是什么，遵从学生的“第一印象”，单刀直入，找准教学的切入点和生长点。

我听过不少课，很多老师的讲解精致得几乎找不到漏洞，师生间的所谓配合总是很默契，然而学生没有思考的空间，被老师牵着鼻子走，这不能不说是课堂的失败。

发现问题，是课堂设计最重要的一环。因为只有发现问题，才能把握课堂学习的方向和内容，使课堂教学有抓手。要通过问卷调查、前置检测、作业反馈（甚至是学生推导、演算用的草稿纸），深入了解学生，找到课堂的难点、障碍点、易混点、生长点，采用适合的方法，使课堂设置更符合学生认知需求。

教学方式和手段的选择以学生的认知规律为出发点；教学进度的设定以学生的认知情况、思维水平和情感状态为出发点；检测以诊断学习效果、探寻学习动向、维持学生学习动机为出发点。

唯其如此，教与学才是有效的。

反观我们的课堂，很多时候，学生的需求被武断地漠视了。日常教学中常见这样的情况：

（1）预设问题多，能启发学生思维的问题少。要么是师生探讨的问题过于简单；要么是事实性问题，学生阅读教科书就可以找到答案；要么是用“是”“不是”来提问，缺少激发学生深度思维的问题。

（2）讲课如蜻蜓点水，重点内容草草收兵，学得不深不透。有的老师课堂节奏把握不好，前松后紧；有的老师片面追求大容量，某些内容的教学就像滑冰一样，一闪而过；有的老师在某个重点内容处花了很多时间，但也仅仅是多做了几次“蜻蜓点水”而已，没有深度“刨坑”，缺少真正深入的学习和讨论。

（3）课上“夹生饭”，课下来训练。常有老师强调，因为要赶进度，没有充足的时间让学生活动，知识的落实要放到课下。学生活动只是课堂的点缀，课堂以完成教学任务为目标，课上的“夹生饭”不断地依靠课后强化训练甚至“抓学生”来弥补。“对于基础知识，老师总要求我们在课下掌握，而课下又发给我们大量练习题，我们哪有那么多的课下？”“做的题目不少，就是没有看书的时间，没有思考的时间，全是机器般地做题，不去思考，下次做题仍然不会。”学生的无奈发人深省。

（4）资料堆积多，深入挖掘少。要启迪学生思维，就要给学生提供教材以外的材料，尤其是来源于生活或社会的素材，提出有深度或值得探究的问题。现在的课堂教学许多教师已经能有意识地提供材料，但许多教师却不能深度挖掘材料，只是蜻蜓点水，一闪而过。

我们需要思考：资料补充的目的只是让学生开阔眼界，还是使课堂的设计更有利于学生思维的建构？“一粒沙里有一个世界”，我们为什么要把满满一车的沙子倒给学生，令他们看不到全部、对所有事物都一知半解，而不是拿起一粒沙让他们看个清楚？在课堂上，如何才能有“少即是多”的气度，用较多的时间学习较少的关键内容？

（5）没有问题就是最大的问题。教师在教学中虽然关注了师生互动，但常常以预设的教学问题把学生纳入自己事先搭好的教学框架，学生在教师的引导下亦步亦趋地完成填空式的回答，执行得没有丝毫偏差。

这样的课，注定低效。第一，教师不了解学生掌握的情况，讲课没有选择性、针对性；学生面对教师的满堂灌，没有兴奋点，很快就变得懈怠。第二，学生没有表达自己见解、疑问的机会，甚至连回顾教师讲解内容的机会都没有。第三，学生的难点在哪里，思维的误区在哪里，教师也无从知晓。

我们希望今后少一些“滑冰课”“漫游课”“转圈课”，多一些“刨坑课”“攀岩课”“拔节课”，以点燃学生的学习激情。

3. 发展需求

我认为，理想的课堂不是单纯地教给学生知识，也不仅是教给学生方法，最重要的是让学生爱上学习！要让学生像期待礼物一样期待我们的课堂，甚至情有独钟。在这个终身学习的时代，只有学生喜欢学习，他才能享受学习的过程，进而影响他的一生。

我们都清楚，学习好的学生大多不是老师教出来的，是他自己悟得好；学习差的学生也不是老师教出来的，是他自己没学好。教会学生主动学习，这是一堂好课的最高境界。

在这个终身学习的时代，一个人在校学习的时间是有限的、少数的，重要的是能够主动学习，成为终身学习者、独立思想者和问题解决者。未来的文盲不是不懂知识的人，而是不会学习的人。

尊重学生的成长需求，让教育成为他的人生礼物：给予他健康的体魄，因为健康是一切的基础；给予他对世界的爱，因为爱使世界转动；给予他对生命的尊重，使他善待、悦纳自己，享受到属于自己的生命乐趣和尊严；给予他幽默感，因为笑使生活更轻松；给予他面对失败的智慧和勇气，让他足以面对所有的恐惧，改变可以改变的，接受不可以改变的；给予他担当，让他遇到挫折时不卑躬屈膝，面对掌声不趾高气扬；给予他良好的受教育条件，让他的各种潜能有得以发展的机会，让他终有一天能够成为“最好的自己”。

言语是金

语言能力是教师的立身之本。有些教师一句话就能“道破天机”，那妙趣横生的谈吐，看似信手拈来实则深思熟虑的语言，似山涧清泉，淙淙铮铮，一下子就抓住了学生的心。

1. 魅力之声

记得电影《佐罗》吗？那富有感染力的配音，让我们着迷。记得《简·爱》《王子复仇记》《辛德勒的名单》《大话西游》吗？那些经典的对白，让人荡气回肠。齐秦、陈百强、卡本特、西蒙·保罗……他们的歌声，令人惊为天籁；赵忠祥对《动物世界》的解说，王文娟唱的《黛玉焚稿》，严凤英唱的《女驸马》……曾在心中百转千回。有些人一开口，总能带动你和他一起悲喜，一起昂扬……

魅力的声音与措辞、语音、语速、语调密切相关。

（1）措辞

同样是米，有人将它酿成了酒，有人将它做成了饭。同一句话怎么说，境界是不一样的。

准确、生动的措辞，来自积累。多读一些古诗文，那或清丽或朴素或粗犷或精致的语句，让你在享受古典文化的同时，受到熏陶感染。久而久之，你的措辞就会多一些情致，多一些意境，使你的课堂生动、新鲜。

措辞要机智且有张力，有弦外之音、言外之意，引发联想，留下思考的余地。过多的语气词、口头语会破坏语境，若总是用“那么”“就是说”“嗯”等引起下文，可能会有碍于理解，让人生厌。

（2）语音

奥黛丽·赫本主演过一部叫《窈窕淑女》（*My Fair Lady*）的影片，讲述的是一个卖花的乡村女孩，被语言学家在一个月的时间改造成优雅贵妇的故事。训练从语言开始，改掉她的地方俗语和口音，在留声机上一遍又一遍训练语音和语调，之后才是着装、姿态、社交礼仪训练。

教师要有一副好嗓子，一开口就把学生的注意力吸引过来。发音要清晰，要字正腔圆，一字一词不含糊，防止出现“吃字”现象。音量要适中，能让坐在最后一排的学生听清即可。喃喃低语是没有自信的表现；嗓门太大，像高音喇叭，让人听了不舒服。

（3）语速

教师的语速过快，会使学生应接不暇，大脑对信息的处理活动进入抑制状态；语速过慢，学生容易开小差，甚至打瞌睡，学习的积极性会受到挫伤。内容不同、学科门类不同、深浅难易不同，语速自然要不同。

语句之间要用好停顿。恰当的停顿具有融情作用，激起感情波澜；停顿具有暗示作用，造成悬念，引领思考；停顿具有强调作用，形成探究意识，引起对重点的关注。

语速的调整可弥补语音的缺点。声音尖细的人，要放慢语速；声音低沉的人，可适当加快语速。

（4）语调

丰富的声调变化，能引起听者的兴趣；缺乏变化的语调，时间一长，容易变成“催眠曲”。

白居易在《琵琶行》中对声音变化的描述，成为千古绝唱。教师的语言也要有时“大弦嘈嘈如急雨”，有时“小弦切切如私语”，有时“此时无声胜有声”。

同样一句话，用不同的语调可以表达不同的感情，给人的感觉也会大不一样。要巧妙利用重音和声调起伏表达感情变化，增强语言的感染力。

上扬语调易给听者造成悬念，而降调能表现说话人的果断，但有时也会显示他的武断。“咬字千斤重，听者自动容”，清晰真诚的语调，更能入脑入心。如对于调皮学生，教师习惯高声训斥，却常常事与愿违；而用温和的低声调，能缓解学生的心理压力，满足学生渴求理解的心理需要，减弱学生的逆反心理，学生反而更容易接受。

2. 情境之美

空山不见人，但闻人语响。返景入深林，复照青苔上。

千山鸟飞绝，万径人踪灭。孤舟蓑笠翁，独钓寒江雪。

……

古人的智慧穿过漫长的时空隧道，以文字的形式留存，在我们脑海中摇曳浅回。“明月几时有，把酒问青天”“大鹏一日同风起，扶摇直上九万里”“落霞与孤鹜齐飞，秋水共长天一色”……新鲜有趣的语言，使学生“如临其境”“如见其人”“如闻其声”。

诗人荷马这样描写海伦的美："海伦步入，耆者目其美，纷纷惊立。"说得多简单，可耆者迫于美貌的威力惊得纷纷起立的情状如在眼前，用不着描写她的眼睛、嘴、头发等，你尽可以自己的方式去想象海伦的美。

我至今难以忘记高中英语老师讲过的《*Footprint*》，他绘声绘色地给我们创设了这样一个情境：蔚蓝的大海，风平浪静。然后镜头慢慢拉近，两只脚在沙滩上挪动，腿上密密的汗毛清晰可见。突然，脚步停下了，恐怖的背景音乐响起，前方出现了一串巨大的脚印……

语言的魅力在于言之有理、有形、有情。语句的生动形象可有两条途径，一是用比喻，二是情境化。例如，在讲到横断山区山高谷深时，我引用李白的诗句"黄鹤之飞尚不得过，猿猱欲度愁攀援"，增强了描述的表现力。再如，讲到"太阳系八大行星中，目前土星的卫星最多"时，可以这样说："有一天，我们登上土星，观看这些卫星，将是一幅怎样的画面呢？你将看到80多个如月亮般的星球在空中运行，快慢不一、圆缺各异、有升有落……苏轼若能在那里生活，绝不会叹息'明月几时有，把酒问青天'了。"这样表述，学生会很自然地产生情感共鸣。

撑着油纸伞的丁香女孩；沾衣欲湿的杏花雨；绿肥红瘦的海棠；"低头弄莲子，莲子青如水"的采莲女；"山衔落日，水映斜阳"的寻常景观；"大漠孤烟直，长河落日圆"的塞外；"细雨湿衣看不见，闲花落地听无声"的江南……带给我们多么美好的画面。"莫道不销魂，帘卷西风，人比黄花瘦"的凄婉；"今宵酒醒何处，杨柳岸，晓风残月"的苍凉；"风烟俱净，天山共色"的淡远；"古道西风瘦马，夕阳西下，断肠人在天涯"

的风骨……让人如坠梦境，痴痴地寻找着美的记忆。

3. 语言修养

着急的事，慢慢地说；大事要事，想清楚说；小事琐事，幽默地说；做不到的事，不随便说；伤人的事，坚决不说；没有的事，不要胡说；别人的事，谨慎地说；自己的事，坦诚直说；该做的事，做好再说；将来的事，到时再说。

（1）“激励之言”催人奋进

当面的表扬让学生觉得温暖，背后的表扬让学生感觉真实，正式场合下的表扬让学生有成就感，成为难忘的记忆。

教师语言得体就有亲和力，智慧就有感染力，深情就有冲击力，这些“力”加起来就是强大的驱动力。

（2）“机智之言”令人叫绝

一个旅游团到日本的伊豆半岛旅游时，面对坑坑洼洼的路况，一名导游连声抱歉；而另一位导游却诗意盎然地说：“诸位先生女士，我们现在走的这条路，正是赫赫有名的‘伊豆迷人酒窝大道’。”

一次地理课上，我用手势表达河流出山口处流水的沉积地貌。一名学生从容不迫地说：“呈爪型。”他的话音刚落，全班学生和听课的老师都笑起来了。面对这样尴尬的突发局面，我首先肯定了他发言中合理的因素；又指出了不对的地方：“你的回答有道理，还挺幽默，但专家称这种地貌为冲积扇而不是冲积爪。”

机智的课堂语言是消除师生矛盾的艺术，具体表现就是直话曲说，急话缓说，硬话软说。

（3）“幽默之言”耐人寻味

一位胖胖的贵妇人讥讽瘦削的大文豪萧伯纳：“萧伯纳先生，一看见你，就知道世界在闹饥荒。”萧伯纳笑而答道：“尊敬的夫人，一看到你，我就明白了世界闹饥荒的原因。”

在晚清的一场科举考试中，有一考生是李鸿章的亲戚，此人不学无术，在考卷上写了：“我乃中堂大人之妻（戚）！”考官给的评语是：“所以我不敢娶（取）！”

幽默带来欢笑，在一笑之余提升学生领悟力。幽默还是师生关系的润滑剂，使学生感受到教师的人格魅力和智慧，从而“亲其师，信其道”。

（4）“温情之言”感人心脾

记得我的小学语文老师在读《卖火柴的小女孩》的时候，眼睛里充满了泪水，这种真情流露一下子震撼了我们。多年以后，还记得那节课、那篇文章。一位哲人说：“情感是语言在表达过程中的乘号，会使语言的感染力成倍地增加。”当学生“跌倒”时，是痛斥“你真令人失望”，还是送一句“这次有点失策，下回努力”呢？当学生早恋时，是郑重声明“绝对不行”，还是先说一句“你的心情老师能理解”，再晓之以理呢？

（5）“犀利语言”彰显智慧

教师要有语言修养，并非说教师不能说犀利的话。如今的学生见多识广，伶牙俐齿，常令教师语塞。在学生狡辩、主动挑衅甚至侮辱教师人格时，犀利的语言、充满智慧的词锋、一针见血的剖析往往可以有效地制止他，否则他可能会越来越“狂”。教师，没一点“嘴上功夫”恐怕不行。

特殊情境下的犀利语言，一定不能侮辱学生人格；要就事论事，不能“翻箱倒柜”；要把握好“度”，不伤及学生的自尊。

（6）一句话，一辈子

朋友的初中数学老师是个挺认真的人。那时朋友成绩拔尖，但也很调皮。一次，朋友的数学老师当着全班同学的面，说：“干脆我退休你来教吧，清华大学的车在外边等你呢！”就因为这芝麻大的事，朋友就不学数学了。后来朋友说，当初三换数学老师时，她的心情比过年还要开心。

教师的亲切鼓励会带给学生无穷的力量，一句恶语中伤则可能带给学生挥之不去的阴影。“良言一句三冬暖，恶语半句盛夏寒”，面对未成熟的、稚嫩的心灵，我们应注意自己的一言一语，因为一句话影响的可能是一个学生的一生！

生命的奥秘深藏在语言里，语言渗透着你的道德修为。

4. 无声之语

（1）眼睛里的心

一件小事让我感受颇深。一天早自习，两位班主任站在教室门口，走廊中走过一位老师，他开玩笑说：“瞧，你们脸上都写着三个字——班主任。”班主任，已成为严肃、严厉、凝重的代名词，很多教师习惯在学生面前树立威严、冷峻的形象，即使平时很和善的教师，在学生面前也会有意识地收敛笑容，因为这样常能起到威慑效果。可我的体会是，自然、朴实、亲切的微笑更能从本质上建立亲和关系，更有利于师生沟通，获得学生的信任。

心理学家奥尔波特·梅拉宾在一系列实验研究的基础上，提出一个公式：交流的总效果=7%语言+38%语调+55%表情动作。非言语交往的重要性，是确定无疑的。

在《韩非子》中记载了这样一个故事：

春秋时期，齐大夫夷射在宫中参加宴会，因为不胜酒力，一个人出来透透风，靠在王宫的侧门旁稍作休息。

把守这个侧门的是一位因犯罪被砍断一只脚的人，那时受过刖足之刑的人常被派任看守大门。守门人听得宫殿里一片觥筹交错之声，不断飘出的酒香让他心痒难耐。看见夷射出来，忍不住走过来低声请求说："大人吃剩的酒菜能否赏给小的们一些呢？"夷射上下看了他几眼，脸上堆满鄙夷之情，怒斥他说："一个受过刑罚半死不活的人，竟敢向尊长要酒喝，真是大胆！"夷射的目光使守门者感觉像被刀子剜了一样，面红耳赤地退下了。

夷射走后，气愤难当的守门者在门旁墙上被屋檐滴水冲刷处刻下一块墙皮，好像被人撒过尿似的。

第二天齐君走过，看见那片痕迹，很生气，问："谁在这里小便了？"守门者回答说："臣不曾看见有人小便，昨天宴饮的时候，只看见夷射大人曾经出来，在这里站了一会儿。"齐君大怒，在国君门前小便，是大不敬，就把夷射杀了。

夷射死得太冤了。只是，谁又能说杀死夷射的，不是他自己曾投射出去的鄙夷的目光呢？

一个人看世界的方式，也是世界对待他的方式。顾盼流转之间，会带来意想不到的悲喜。轻贱和鄙视的目光是一把双刃剑，刺伤别人，也容易伤着自己。倘若目光里多一些仁爱，在温暖世界的同时，也会多收获一些幸运。

我班曾有一名学生总是给教他的英语老师制造麻烦。英语老师找到我，问："他一个体育生，学习那么差，我都没有训他，他还有什么不满意的？"学生说，英语老师看他时总是斜视甚至是鄙视，从来不在他的课桌旁停留。那种不经意却灼目的轻慢，使他很反感，也"很受伤"。

表情是一个人文化修养、生活阅历、个性特征、审美能力的综合体现。同情、关心、愤怒、反感、厌恶、鄙视、信任、尊重、欣慰、喜悦等情感，都可以在脸上表现出来。有时通过逼真甚至夸张的表情，能加深学生对教学内容的理解，使课堂格外生动、形象。

情绪具有传染性。教师冷若冰霜，学生会噤若寒蝉；教师神采奕奕，学生会精神振奋。教师轻松明朗的微笑，亲切柔和的眼光，自然明快的仪态，会给课堂定下一个愉快的基调。

眼神可以反映一个人的深层心理，表达难以言语的极微妙的思想感情。真诚的注视让学生感受到自己被关注；严厉的目光意味着警示，要求学生收敛；赞许的目光表现出期望和鼓励；犹疑不定的目光则流露出教师的焦虑和束手无策；温暖的目光可缩短师生心理距离。学生是很敏感的，你怎么注视你的学生，眼中透露的是不是欣赏、善意、期待，都能被学生深刻地觉察。没有学生不喜欢有着清澈、温暖、明亮目光的老师。

（2）黑板上的“墨宝”

爱因斯坦有句名言：“我严谨地遵照杰出的理论物理学家玻耳兹曼的格言，即形式是否优美的问题应该留给裁缝和鞋匠去考虑。”这位被称为有史以来智商最高的人，其高深的理论和“见缝插针”的板书，常令听众“剪不断，理还乱”。

板书可长时间呈现，对学生学习和课堂氛围的调节有着重要作用。在教学中，我的板书与其说是板书，不如说是板图、板画更合适。一节课下来，黑板上留下的是一幅幅红、黄、绿、蓝的简笔画，凸显一堂课的脉络和重点。

板图是无声的语言，能使地理学习渐入佳境。总有一学期，我让学生分组在课间画好板图，并在课堂的前10分钟轮流到讲台上讲解。每一组学生的板图和讲解都是那么精彩。这样做也是为了让学生能够在大脑中带着高清晰度的地图进高考考场。

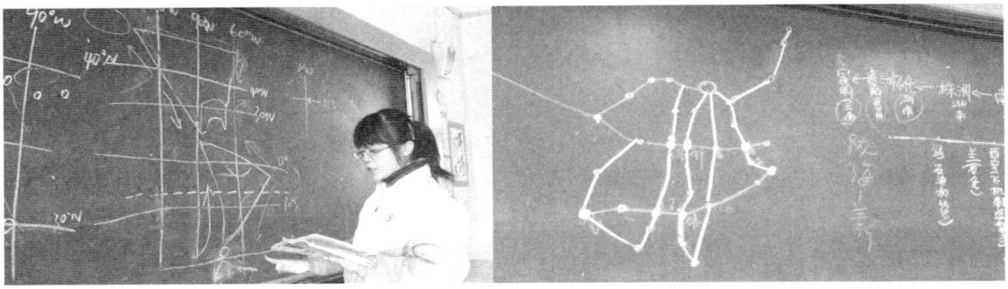

那是谁的课堂作业?

十分钟环游世界

师生对话

课堂上，很多师生对话的情形令人担忧。

提问泛滥：不停地问，不停地答，频率太快，学生没有充足的思考和表达的时间。在一节课里教师抛出一系列问题，到底能解决几个？如果都能解决，那这些问题的有效性如何？

学生回答：齐答、抢答，课堂的思维含量低。杜威在《我们如何思维》一书中指出：“不少学生由于慢慢动脑筋认真思考问题，而被指责为

‘反应慢’‘回答问题不敏捷’。在这种情况下，有些人就养成了快答抢答的习惯，虽然快却停于肤浅表面。对问题、对困难的思索要达到相当的深度才能保证思维结果的质量，而在教学当中只鼓励学生迅速背诵课文或展示快速记忆力的做法，等于是鼓励他们快快滑过真正问题的表面浮冰，这是不利于真正的思维训练的做法。”我们的课堂需要给学生沉下心来思考的时间和空间。

教师理答：打断学生，自己代答；对学生的回答不理睬；重复问题及学生答案等。对此，杜威在《我们如何思维》一书中说：“教师有垄断连贯叙述的习惯。如果把教师一天说话的时间统计起来，同学生说话的时间加以对比，那么许多教师都会感到震惊。而且，学生们的谈话也常常局限于用简短的词语或单一的不连贯的句子来回答问题。详述和结论都由教师包办，只要学生的回答中多少有那么一点线索，教师便常常给予肯定，然后加以引申，详细讲述他认为学生应当表达的意思。这样，零星的、不连续的叙述的习惯就必然导致思维的瓦解。”

建议：

（1）给学生充分的思考时间。

① 提问之后停顿，让学生在头脑里组织答案或者将答案写出来。

② 小组合作之前首先让学生有一定的思考与研究基础。

③ 讨论或者讲解之后，要给学生一定的时间反思与整理。

（2）给学生充分的合作讨论时间。

（3）给学生充分的课堂展示和表达时间。

（4）尽可能地暴露学生的思维方式，从学生的自然倾向出发组织教学。

① 创造机会让学生说出或写出自己的思维过程。

② 引导学生倾听、记录与回应他人的思维过程。

教学的生长点

课堂，是一处充满了谜题的所在，它关乎整个教育的生态，永远值得我们去探索，去研究，去改进，去反思。

1. 怎样激发学习动机

教师以适当的、多样的方式，在不同的情境中有效地激发学生的学习动机，是提高教育效果的关键。请回想自己的教学经历，对以下问题进行思考：

（1）怎样激发学生的学习动机效果最好？

（2）课堂教学文化与学习动机有着怎样的关系？你是如何构建有利于激发学生学习动机的课堂教学文化的？

（3）怎样的课外活动有利于激发学生的学习动机？你或你们学校是如何做的？

（4）你或者你们学校有没有开发有利于调动学生学习积极性的校本课程？那些校本课程是怎样诞生的？怎样操作的？

（5）你认为学科教学与社团活动或综合实践活动相结合有利于激发学生学习动机吗？为什么？你们是怎么做的？

（6）课堂教学方法或模式的改革与学习动机的激发有怎样的关系？你是如何改变自己的课堂，使其更加有利于激发学生学习动机的？

（7）你认为教师的表扬方式与学习动机之间有关系吗？你是怎样做的？能举例说明吗？

2. 怎样提高每一个学生的课堂参与度

如何让所有的学生在课堂上都能够忙起来？如何让他们热情地投入学习？我们在提高学生的课堂参与水平上仍然有很长的路要走。请反思自己的课堂，提炼自己的经验。

（1）课堂上教师为什么要少讲？怎样少讲？

（2）小组合作有利于提高学生的参与水平吗？如果不能，那是什么原因？如果能，你是怎样组织小组合作学习的？

（3）生生互教互学有利于提高参与水平吗？你是怎么做的？

（4）在教学内容上怎样组织才能提高参与度？结合具体的学科进行论述。

（5）如何让每一个学生都忙碌起来？

（6）如何让所有的学生都有发言和选择的机会？

3. 如何培养自律的学习者

学生在成长的过程中，特别是在学习的过程中，自律非常重要。请思考：

（1）学生在自律方面存在哪些问题？你是如何应对的？

（2）如何培养学生课外的自律意识和习惯？你是怎样做的？你认为

符合教育规律吗?

（3）如何培养学生的课堂自律意识和习惯？你是怎样做的?

（4）你认为还有哪些方面需要培养学生的自律意识?

4.怎样提高学生的思维能力

（1）你怎样看待基于学科的思维能力培养?

（2）教学设计时你会从哪些角度提高学生的思维能力?

（3）在提高思维能力这个问题上，你考虑过知识分类问题吗？你认为知识分类与提高思维能力之间有着怎样的关系?

（4）在进行课堂教学评价时，你是如何用评价促进学生积极思考的?

（5）学生之间的合作与提升学生思维能力有关联吗?

立春

立春时节，正值农历新年，万物开始萌动，一个新的轮回已经开启。每逢岁初，心中都会升起许多新的期盼，这种新鲜的感觉如此之好，好得足以让人忘掉过去的许多梦想都没有实现的事实。对于我，喜悦是与时节转换有关的。无论是布谷鸟鸣、乍暖还寒的早春，还是万木葳蕤、荷香袭人的盛夏，抑或芦荻飞白、落叶缤纷的晚秋，更有几声犬吠、一桢雪影的隆冬，生命总在寒暑易节中怦然涌动。喜欢静静落雪的冬日，少了流俗的人生，自有一份“野渡无人舟自横”的情趣；喜欢从从容容地安享时光，自在得像天上的云朵；喜欢在明暗不定的黄昏，独坐于窗前不厌地看，真真切切地感觉时光一点一点地流逝……

雨水

春雨初至，万木萌动。当天空落下细细的雨，走过街角的你，可闻到春来的气息？造物者是怎样巧妙地安排着四季的轮回，让潜伏和盛放的更替带着生生不息的节律！春节的热闹犹存，元宵节的灯火正盛，天空明暗不定，像是谁刻意营造的某种忧伤。阔叶树此时挂着残存的枯叶，擎着寂寞的枝，把寂寥演绎到极致。然而，就在这寂寥之下，一切都在积极地准备重新开始，气温始生，湿气渐浓，生命的暗流在奔突，汇合……过不了几天，只要风丫头一声口哨，叶芽胀裂，花蕾萌生，春天就会在某个清晨突然来临。

教有主张

这是个不缺理论的时代。生搬硬套会让你陷入迷茫，甚至“邯郸学步”。事实是，个人风格在自己身上，不是从别人那里学来的。面对教育教学中的各种具体情境，你要有自己独到的判断和决策。当你从繁华中抽身，用心把事情做到极致时，思维的清晰度、开阔度、创新度、生长度都会不断攀升、蔓延，就有了自己的风格，有了自己的主张，有了自己的行走方式。

先见森林——整体教学

从一个小概念谈起。

学生问我，珠江三角洲的基塘农业是生态农业吗？我说是啊。学生问为什么没得分？我说这里问的是农业地域类型，应该答混合农业。

为什么我觉得答案简单明确，学生却无所适从？因为学生的大脑中缺乏对农业类型这个概念的整体认识。农业的分类绝不只是地理上讲的按农业地域类型来分。如按农业生产对象不同，可分为种植业、牧业、渔业、林业；按农业投入产出比，可分为粗放农业和密集农业；按农产品用途，可分为自给农业和商品农业；按农业发展阶段，可分为原始农业、传统农业、现代农业；按农业地域类型，有商品谷物农业、传统旱作农业、热带雨林迁移农业、现代混合农业、热带种植园农业、大牧场放牧业、乳畜业……

珠江三角洲的桑基鱼塘，可以说是混合农业，也可以说是传统农业、密集农业或商品农业，这里还是我国生态农业的典范之一。

不给学生一个整体视野，只有零碎的、片段的知识，如只让他们知道珠江三角洲是混合农业，学生怎能不迷茫呢？对事物的认识，先整体建构，再逐步细化，认知图谱才会更加清晰。

整体教学，利于学生对学习宏观把握，明了知识背景和各知识点之间的联系，避免“只见树木，不见森林”的情况。

学好地理，首先应该让学生解决“整体建构”的问题。先整体学习，再逐步细化，学生才能对地理事物的空间位置、空间格局、空间联系、空间演变有清晰的视角，也才会有清晰的区域位置意识、区域要素意识、区域尺度意识、区域差异意识、区域关联意识、区域动态意识、区域决策意识。

如果学生脑子里没有一张完整而清晰的地图，对各区域连清晰的空间定位都不明了，怎么能学好地理？

我很赞同华东师范大学刘良华教授关于学习就是“认地图”的比喻。我们可以做一个实验，看看用哪种学习方法能让学习者在一个星期之内掌握济南市的所有街道。掌握和理解的标准是：你想去哪里，学习者就可以说出从所在地出发，经过哪些街道可以抵达目的地。

我们拿一张地图，学生在看地图的过程中，会对济南市的街道有一个整体的、清晰的了解，这就是“整体学习”。如果老师一条街道、一条街道地教，那么，学生可能永远都不会掌握这个城市的总体情况。

同样，以区域地理的学习为例，如果老师逐个区域地教，学生的认识就是零散的，视野会缺乏应有的高度和宽度。所以，学习区域地理，首先要整体建构大脑中的地图。

不仅是区域地理，整个高中地理的教和学，都需要先整体建构，再逐步细化，这样才更符合教学规律。近几年，我们把高中地理整合成14个大单元，把每个单元近5年来的高考考点做成一张明细图，以理清教学的方向和脉络。因为，高考试题不仅告诉我们哪些是主干知识，而且告诉我们主干知识的考查角度；高考试题不仅告诉我们考查哪些能力，而且告诉我们这些能力的考查方式。

方向比努力更重要。“先见森林”，方能把握方向，事半功倍。

概念教学——万变不离其宗

要想让学生对知识点做到融会贯通，注重概念教学是关键。首先，我们要明确地理学科的大概念、核心概念和一般概念，引领学生领悟概念内涵，细化概念外延，辨析易混概念，方能让学生的地理学习不吃“夹生饭”。

1. 核心概念

以“自然地理环境的整体性和差异性”为例，其涉及的核心概念有：自然带、水平地带性、纬度地带性、经度地带性、垂直地带性和非地带性等。

2. 一般概念

“自然地理环境的整体性和差异性”中的一般概念有：自然带的名称、雪线、林线、水分、热量等。

3. “大概念”

“大概念”是经过提炼的、高度概括的、能够反映事物本质的、需要学生慢慢建构的概念。如自然地理环境的差异性：地球表面以植被为主要标志的自然景观复杂多样，然而其分布是有规律可循的，这种规律以水热条件的分异为基础，并伴有非地带性因素的影响。

4. “隐形概念”——那只看不见的“翻云覆雨手”

我更想强调的是，在我们多年教学中发现的那些居于学生思维中心的隐形概念。如“大气运动与天气、气候”这一单元，空气的上升运动形成降水就是这样一个“隐形概念”，学生这部分知识学习之所以出现困难，就是因为这一概念没有自动化地建构到他们的思维中，导致思维障碍。

很多时候，学生生活经验的缺失和错觉都会干扰他们的思维。如果老师认识不到这一点，某些概念匆匆滑过去，就会导致整个章节的学习困难。

为了厘清空气的上升运动与降水的关系，我会用一节课来铺垫。

首先，从生活中的三个问题开始：乌云密布时云层离我们越来越远还是越来越近？我们对空气的水平运动很敏感，但是空气的上升运动和下沉运动我们能感觉到吗？赤道地区终年多雨；南风一吹，阴天下雨；北风一刮，阴天下雨；山的迎风坡多雨；台风中心附近多雨……这些都是由同一种空气运动导致的，你知道是什么吗？

其次，我们通过解释生活中的错觉和大量的案例，让学生相信并明确：看不见摸不着的空气上升运动就是造成上述现象的共同根源。

再次，在学习抽象的三圈环流时，先强调每圈环流中上升、下沉的气流是人们看不到也感觉不到的，近地面的那支气流易为人们感知。但是，近地面的那支气流受到地形、海陆分布等因素的影响，变得错综复杂。所以，直到20世纪人们才发现了三圈环流的存在。

最后，我告诉学生，三圈环流的发现，让科学界惊喜异常，因为它正是搅动世界各地气候的那只最大的“翻云覆雨手”！所以，发现三圈环流之后，许多国家把它搬上了科学课本……

抽象的三圈环流、天气系统和各地气候成因的学习，都会因为上升气流与降水关系的通透变得豁然开朗、顺风顺水。

去模板化——建模先行

构建答题模板是地理学习的“必然王国”阶段，“去模板化”则是地理学习的“自由王国”阶段。所以，要想成功地“去模板”，你得先有模板。如果学生的脑子里连基本的规范都没有，又何谈“去模板”呢？

1. 析题规范性的一般要求

（1）审文

一审主题，二审材料，三审题分。同时要注意分析题目中“句子”的成分：

① 找“主语”——确定题中主题，明确答题方向。

② 找“定语”——锁定目标项，如限定的时间和地理空间。

③ 找“连词”——明确需要回答几个问题。

（2）审图

① 看图名定主题。

② 看图例锁定区域位置和地理要素。

③ 看要素分布和空间联系。

④ 分析、归纳、综合出答案要点，罗列①②③。

2. 组织规范性的概括性要求

地理主观题的答案组织是否规范，主要取决于组织的模式。近些年地理试题常见的模式如下表：

原因	自然	地形（地形类型、地势、地貌、地质）、气候（光、热、水、风）、水源（水文、水系）、生物（类型、覆盖率）、土壤（类型、厚薄、肥力、性状）、资源（类型、赋存量和开发条件）、自然灾害（灾害类型、频率与程度）等
	人文	市场（距离、容量、质量）、交通（位置、方式、线路密度）、劳动力（数量、素质、价格）、科技（技术水平、技术措施、技术推广）、工农业基础（工农业生产条件和发展历史）、历史经验、国家政策、资金等

续表

条件	有利	
	不利	
影响	正面	
	负面	
区位	自然	
	经济	
	社会	
效益	经济	
	社会	
	生态	
措施	生物	
	工程	
	技术	
要素	总量	
	结构	

以人文地理的区位分析规范答题为例，建模如下：

1. 农业区位因素分析

（1）自然因素

地形：由材料判读出地形为平原或三角洲，地势低平或平坦开阔等。

数量：地广人稀，土地广阔，土地租金低等。

气候：由材料判读出是哪种气候类型，描述其对发展农业有利的气候特点（雨热同期、水热组合好，日照充足、昼夜温差大等）。

水源：临近水源（河流或冰川融水区），水源充足，灌溉便利。

土壤：土壤类型，土壤肥沃深厚或土壤较肥沃等。

（2）人文因素

市场：该地区人口稠密或工矿业发达或城市较多，市场广阔（对商品农业影响大）。

交通：临近河、湖或海，水陆（海陆）交通便利或内河航运发达（对商品农业影响大）。

政策：国家政策的支持（扶持、鼓励）。

科技：科技水平高或科技发达。

劳动力：人口稠密，劳动力资源丰富。

工业基础：工业发达，工业基础好。

（3）自然对农业发展不利的区位因素

洪涝、干旱、台风、春季低温、寒潮等气象灾害；热量、光照、水源、土壤肥力等不足，酸碱度偏高等。

2. 工业区位因素分析

（1）自然因素

原料：临近某原料产地，原料充足。

能源：临近某能源（如煤、石油、天然气、水能、风能）产地，能源充足。

土地：土地平坦开阔，利于建厂。

水源：临近河流、湖泊或降水多，水源充足。

（2）经济因素

市场：人口稠密或人流量大，市场广阔。

交通：临海或海港，临河湖或河流交汇处，临铁路、高速公路、航空港，交通便利。

劳动力：人口稠密，劳动力资源丰富。

技术：临近高等院校或科研院所，科教发达，劳动力素质高。

农业基础：临近商品粮基地或农业产区，农业基础好或农业发达。

（3）社会因素

国家政策：国家政策的扶持、鼓励，国家政策变化（如解决就业的工厂设在不盈利的区位，为缩小经济差距进行西部大开发等）。

国防安全：某时期国防需要。

个人行为（或偏好）：如海外华人、华侨的投资。

工业惯性：搬迁费用、政府影响或出于对当地经济的考虑等。

（4）环境因素

风向：严重污染大气的工厂，应该布局在主导风向的下风地带，或与主导风向垂直的郊外，或最小风频的上风地带。

水源：有废水排放的工厂应远离水源地或布局在河流的下游；自来水厂布局在水源地或河流上游。

距离城区的远近：占地面积小、无污染的工业，布局在城区；用地规模较大、污染较轻的工业可布局在城市的边缘或近郊地区；污染严重且难以治理的大型企业，宜布局在远郊。

生态环境：工业布局应远离生态环境脆弱地区。

3. 城市区位因素分析

（1）自然因素

地形：根据材料判读出地形类型，地势平坦开阔还是起伏大。

气候：由图文信息得出是什么气候，总结出降水是否适度及气温是否适中。

河流：由材料判读出临河。① 运输功能：河流交汇点、过河点、河口、河运的起点或终点，交通便利。② 供水功能：临近河流，水源充足或丰富。③ 环境功能。

自然资源：判读图中某地是否有某种自然资源或临近某种自然资源。

（2）社会经济因素

交通：由图文判读某地是否临铁路、公路、港口，或位于多种交通方式的交会处，交通便利。

农业基础：本地农业基础是否好。

其他因素：是否是政治、经济、军事或宗教中心，是否是旅游或科技中心。

4. 水库坝址的区位选择

（1）选在河流较窄处或盆地、洼地的出口——工程量小，工程造价低；盆地、洼地地形建水库，库容量大。

（2）选在地质条件较好的地方，尽量避开断层、喀斯特地貌等——防止诱发地震、滑坡、渗漏。

（3）考虑占地搬迁状况，尽量少淹没农田和村庄。

5. 发展海洋水产业的区位分析

（1）大陆架宽、浅，水温适宜，阳光充足，有利于生物进行光合作用。

（2）入海河流或径流带来丰富的有机质和营养盐类。

（3）寒、暖流交汇，海水发生搅动或有上升流，海水上泛，营养盐类丰富。

6. 交通线区位因素分析

（1）自然因素

地形、地势、地质、地貌、气候、水文、土壤。

① 平原：限制少，少占耕地，处理好与农田水利建设、城镇发展的关系。

② 山地：尽量沿等高线修筑，尽量避开地形、地质复杂的地区（如修建隧道需避开断层，陡坡上需修成“之”字形或开凿隧道等）。

③ 地质、地貌：是否位于板块交界处，是否位于喀斯特地貌等特殊地貌区。

④ 水文：避开沼泽地，尽量避免跨越河流，减少桥梁总长度、投资、施工量。

⑤ 气候：注意暴雨、大风等出现的强度和频率，考虑冻土、积雪的深度等。

（2）经济因素

① 合理布局交通运输网，促进沿线经济发展。

② 国道线以直达为主，并适当照顾沿线重要经济点，通过城市时应从城市边缘经过（减少对市内交通的影响）。

③ 省道等地方性公路，以满足地方经济发展和居民需要为主，尽量途经当地的居民点、车站、码头等。

（3）社会因素

① 巩固国防、加强民族团结、促进少数民族地区或革命老区经济发展。

② 促进资源的开发，带动沿线经济的发展。

③ 边境铁路、公路、高速公路有利于促进对外贸易的发展（发展边境贸易）。

7. 港口的区位因素分析

（1）自然条件

水域条件（航行条件）：等深线密——江阔水深，泊位空间大，便于航行和停泊。

港湾：海岸线曲折，有可避风浪的避风港。

陆域条件（筑港条件）：平原或三角洲——地势平坦，坡度适当，地质稳定。

（2）社会经济条件

经济腹地：经济发达，辐射范围广，客货集散量大（影响港口的兴衰）。

城市依托：以大城市或城市群为依托，为港口提供人、财、物的支持。

国家政策：政策支持，如自由贸易港、对外开放港等。

8. 航空港的区位分析

（1）自然条件

地势：相对平坦开阔、坡度适当，保证排水。

地质：有良好的地质条件，地基稳定。

气候：少云雾，大风、暴雨天气日数少。

（2）社会经济因素

交通：要与市内有便利的交通联系。

经济：要建在经济发达的地区。

距离：适当。距城市太近，净空条件不好；太远，不利于出行。

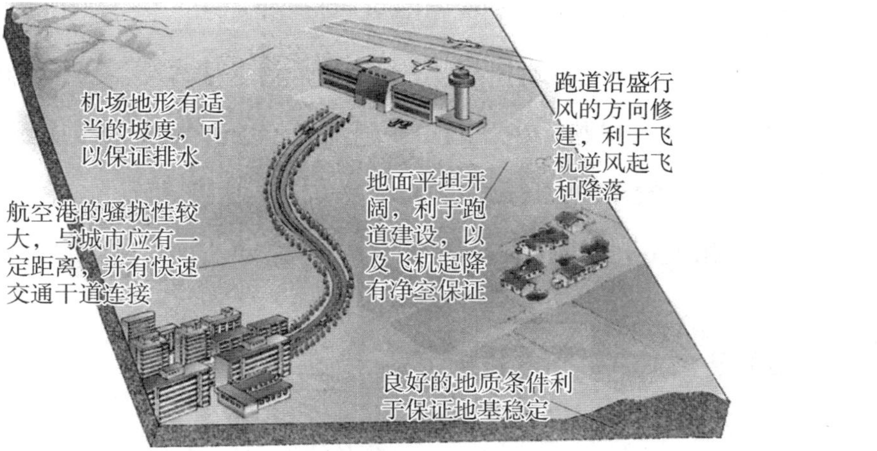

航空港的区位选择

9. 卫星发射基地的区位分析

（1）自然因素

气象条件：天气晴朗，大气透明度好，便于对卫星的跟踪观察。

纬度：地球自转的速度——纬度低，初速度大；纬度高，初速度小。同一纬度，地势高，初速度大。

地形：地势平坦开阔，便于对卫星的跟踪观察。

能源：向东发射，节约能源。

（2）人文因素

人口密度：地广人稀，不干扰居民生活。

交通便利：我国的航天基地均交通便利（海南文昌：海运优势）。

国防安全：如西昌。

（3）航天器着陆基地的区位分析

气象条件：天气晴朗，大气透明度高，便于对航天器的跟踪观察。

地形条件：地势平坦开阔，少河流峡谷，保证航天器或航天员的安全，便于目标搜寻。

人口密度：地广人稀，不干扰居民生活。

单元掌控——问题串

教师要善于把知识问题化，把章节知识的复习变成基于问题和任务的学习，让学生学习有抓手，对知识有中观、微观上的掌控。例如：

1.岩石圈、内外力作用

（1）三大类岩石的分类、成因、举例。

（2）地壳物质循环示意图及其判读。

（3）板块构造学说与海底扩张学说的内容及地貌。

（4）地质构造的分类、成因、举例、应用，地质剖面图的判读。

（5）内力作用、外力作用的表现形式。

（6）流水作用所形成的不同地区的主要地貌景观及成因。如山麓冲积扇的成因、面积大的原因，喀斯特地貌的名称和成因。

（7）风力作用所形成的不同地区的地貌景观及成因。

（8）冰川、海浪作用所形成的不同地貌景观及成因。

（9）地球表面任意地貌成因、形成过程分析及答题技巧。

2. 人口专题

（1）人口老龄化的原因，“二孩政策”后人口未出现显著增长的原因，新中国成立后不同阶段人口特征及成因。

（2）能够结合统计图，定性、定量地描述人口增长的特点。

（3）发达国家、发展中国家、我国人口增长问题（自然增长率数值范围、水平，人口增长数量、增长特点、年龄结构、影响、措施）。

（4）对比记忆影响人口增长、迁移、分布的因素，注意一些常用术语。

（5）人口迁移典型案例：按因素描述常见人口迁移（时间、特点、迁出地区、迁入地区、原因）。

（6）从不同区域、发展阶段、有利或者不利等具体的角度，分析人口迁移的影响（经济、生态、社会）。

（7）能够结合人口分布图分析区域人口分布的特点（人口密度、分布格局、方向、多少、极值），并分析原因。

（8）说明环境人口容量、人口合理容量的区别与联系。

（9）读人口统计图的步骤，常见人口统计图的读法（如三角形坐标图、人口年龄结构金字塔图）。

3. 地理环境的整体性与差异性

（1）地理环境整体性的分析思路，如某区域适合某生物生存的原因。

（2）自然带的概念，自然带与气候的对应图。

（3）纬度地带性自然带的分异规律有哪些？影响因素及分布。

（4）经度地带性自然带的分异规律有哪些？影响因素及分布。

（5）垂直地带性

垂直带谱、基带、影响因素、自然带从山麓到山顶分布的完整表现、气温的分布规律、降水的分布规律、影响自然带数量丰富程度的原因、导致某个坡向自然带分布海拔较高的原因、影响雪线高低的原因。

（6）某区域生物物种多样性丰富的原因。

突破边界——跨学科教学

两件小事触动了我。

第一件事：学生问我产业革命前国际人口迁移的三个时空是什么，他说课本上只有两点。我非常自信地给了他答案：欧洲人迁往美洲；殖民者从非洲劫掠人口去美洲；帝国主义国家招工开发、掠夺东南亚和美洲。

教学到此完成。就这样完了？开发新大陆的那些令人唏嘘的故事，400年罪恶的奴隶贸易，中国人“下南洋”的遭遇，美国西部铁路建设史上的华工血泪……只字不提？

这样的教学只有答案，没有生命；而这种没有拓展、没有故事、没有关联的课堂，扼制、窄化了学生的思维，让学习只剩下负担。年复一年，日积月累，大量没有关联、没有生命的惰性知识，成了堆积在学生大脑中的“脂肪”，钝化了学生的思维触角，弱化了学生的探究意识。

教学是一种启迪，还是一种扼杀？

第二件事发生在7年前（2014年）。清楚地记得，那节课学习自然带，我给学生演示不同气候对应的植被类型。我没有只让学生背诵，而是给他们展示了不同气候区的典型植被图片，像温带季风气候区的气温和降水决定了这里是落叶阔叶林，“冬雨夏干”（冬季温和多雨、夏季炎热干燥）的地中海气候造就了常绿硬叶林，温带沙漠中骆驼刺长成这种“模样”是为了适应环境，高温多雨的雨林区有哪些奇特的植物……

可当时在班内被称为“生物通”的李可同学依然不买账。他走上讲台，就不同地区植被的根、茎、叶特点与环境的关系侃侃而谈。从板状根、气生根、支柱根、呼吸根到革质叶片、肉质叶片、针叶林、沉水叶、浮漂叶……为什么西双版纳的植物有板状根，为什么有的植物是气生根，为什么常绿林中的叶子多为革质叶片，为什么雨林中的叶子有“汗腺”……他生动精深的诠释惊艳了全班，让我汗颜，也让我开始反思：我们和我们的教学，该怎样生长和拔节？

我们用多年的教学经验，禁锢自己视野的同时，也禁锢了学生的思维。程式化的教学方式和内容对学生的思维是一种怎样的扼杀和捆绑！长期关注本学科的我们，跨学科思维的能力和视野甚至不如大多数学生。学生思维的精细度、开阔度、生长度在我们的课堂上如何得到发展？

我们该何去何从？

该怎么改变教学路径，该怎么跨学科整合背景知识，怎么设计有故事、有思维、有张力的课堂，怎样依据真实生动的生活世界设计有挑战性的学习任务，让学生主动地参与，让课堂有深度、有拔节、有生长？

课堂，呼唤教师的跨学科成长，呼唤跨学科的备课和教学。

有时我们需要教点物理，不懂饱和空气，如何“看清”雨来前的云层上升还是下降，理解气压带、风带与降水？有时我们需要教点数学，不懂点几何知识，怎么学习地球的运动？有时我们需要教点生物进化史，否则我们如何解读化石？如何理解沉积岩的年龄顺序、物质组成和沉积环境？有时我们需要教点历史，不了解三次技术革命，如何理解工业种类的分布和工业布局的变化？

功夫，一直在诗外。

惊蛰

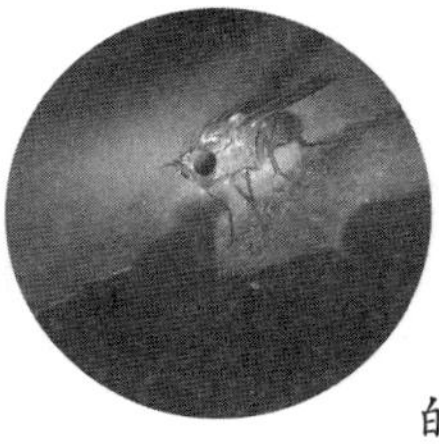

春雷响，万物长，蛰居动物醒了。三月是苏醒的季节，包括青蛙和刺猬，包括麦田和荠菜，包括泥土和燕子，包括水草的温柔和闪光的回忆。三月是妩媚的季节，沉寂了一个冬季的柳树，在南风的撩拨下变得那般温柔，用柔美的舞姿织出又一岁烟云迷梦。三月也是不安的季节，那些相似的薄暮里无端的孤单与彷徨，那些长长的一生里荒芜的期盼与不舍，那些被时光谨慎收藏起来的迟疑与忧伤，随着春日的雨和四处倾倒的风无处安放。袭我，以春回的怅惘。

春分

春分者，阴阳相半也，故昼夜均而寒暑平。鸟语啼醒了新绿，蛰居的虫吟唤醒了泥土，风打着呼哨儿，织就了一个季节的繁华盛景。门前的白玉兰，那般高傲地擎了花枝，只等待流云飞鸟的问安。那可是压抑了一个冬天的蓬勃啊，太多太多的思念要倾吐，太多太多的柔情要表达。“我是你闲坐窗前的那棵橡树，我是你初次流泪时手边的书，我是你春夜注视的那段蜡烛，我是你春天里穿上的楚楚衣服……”校园歌手动情地唱着，让人想起那些白衣胜雪的时光，那些年少时的心事，那个总是微笑的少年，那满是浮云的天空，那明媚到不真实的春天。还有，终我一生也无法说出的，那个期盼。

一家之言

古往今来，在教育这片沃土上，各种理论“百花齐放、百家争鸣”。它们开阔了你的眼界，有时也让你无所适从。你要学会兼收并蓄，学会取长补短，不要盲从跟风，要听从自己的判断，练就自己的定力。在每天的教学实践中，你的每一次独立思考与尝试，每一次微小的成功与失败，都藏着你生命的光。

教师遇专家

由两位专家带来的讲座《课堂观察——走向专业的听评课》，是2015年山东省教师全员远程研修的主题课程，也是老师们线下研讨的热门话题。

在众多的听评课视频中，这种谈话的方式深入浅出、风趣幽默、有理有据，让人眼前一亮。作为一线教师，我在观看视频的过程中，深刻感受到与专家的差距。这篇小文，显示了教育研究者和实践者的距离，也是理想与现实的距离。

专家观点一：听评课应该关注学生的学而不是关注老师的教。

值得商榷：教和学紧密相连，在目前我们的教学内容和组织形式下，课堂什么样，学生学得怎么样，主要还是看教师怎么教。教师不改变，学

与山东省地理专家团队成员观课研讨

生的课堂生态就不会有太大的变化。

专家观点二：听评课要用专业的工具，用数据说话。

值得商榷：一方面我们教师缺少好的量表，再者数据不能说明一切。近些年有些学校开始使用量表，但效果一般的居多。例如，在观评课时让听课老师在量表上简单记下本节课提问了多少个学生、问答多少次、多少人举手，或在量表上对应的观课内容处打钩。这样做其实很肤浅，因为课堂教学的很多东西无法简单量化。

专家观点三：课堂可分解为教师教学、学生学习、课堂文化、课程性质四大要素，20个视角，68个观察点。

值得商榷：一节课场景、任务和关注点太多会使课堂变得浮躁肤浅。要求一线教师把听评课当成一种科学研究，还要寻求专业品质的工具，还要运用各种互动系统……听评课对一般老师来说可能就成了苦差事。在老师们还不会“走”的时候，就要求他们“跑”，这超过了老师的实际能力和发展需求，恐怕会过犹不及。

专家观点四：听评课是专业的、系统的、复杂的，大多数教师缺乏研究的品质。

值得商榷：这是事实。但一开始要求太高，会让人望而却步。“千里之行，始于足下”，只要开始，有一点点进步，就好。饭还是要一口一口地吃，有时候“少即是多”。

专家观点五：听评课是教师同伴合作研究课堂。

值得商榷：你有这个“长”，我有那个“优”，教师的成长都需要一个成长共同体。通常，一线教师的时间和精力被教学和各种事务占满，不会投入太多精力研究别人的课堂，每个人最关注的还是自己的课堂。一般情况下，听别人的课，只是一种学习交流，只要能够通过听课学习别人的长处，反观自己的不足，提升自己的课堂，就足够。在日常教学中，同伴间同质化的合作研究，常常在一个水平上转圈，而异质化的对话交流更易带来改变和提升。

观课攻略

1.“异质化”策略

“熟悉的地方无风景”，在陌生的环境中，人的感知会更加敏锐，更能发现值得学习的地方。作为教师，不要总是在熟悉的环境中逗留，走出去，就能看到不同的风景，要多跟与自己不同的人交流。

2. “空心”策略

你要把所有的价值判断抛开，放空心思去欣赏，否则你什么也看不进去。对新事物不要随意做价值判断，既不狂妄自大也不妄自菲薄，否则你的认识会发生偏差。

3. “花心”策略

要立体、多元看教育，深入课堂看教育，跳出教育看教育。多感受不同的文化，多体验各种场景和活动。多与不同圈子的人打交道，从不同圈子对教育的感受和评价中去了解更为全面的教育，不要只是跟圈内人打交道。

4. “雷达”策略

尽可能关注所有可能成为学习资源的细节。要特别细心，去敏锐地捕捉细节中所反映的理念和教育内容。

5. “六一”策略

每天一个问题、一张照片、一句话、一份日志、一次分享、一次听课或活动记录。

6. “罗马”策略

入乡随俗，尊重老师们的课堂教学主张，不要太固守自己的教学主张，尤其不要以自己的课堂为参照系对其他老师的课堂做绝对评价。

7. “做中学”策略

杜威的“做中学”理论同样适用于观课，老师们要尽可能创造和争取机会去亲身体验。比如主动上一堂课，参加一次考试，等等。

我看参与度

参与度高指的是课堂里每一个学生在每一个教学环节中都能积极思考，都为回答问题做好了准备，能及时记录他人的精彩和自己的思考。我们应该明确：

1. 参与度并非仅指获得公开表达机会的学生数目

倾听、记录、多元互动、反思与修改等都是提高参与度的方式。

2. “伪参与”经常出现

如个体学生回答问题时，有的教师并未给予全体学生思考时间，而是提问问题后接着叫起个体学生回答，这样其他学生就失去了思考并组织自己答案的机会；个体学生回答问题时，教师往往没有采取一定措施引导所有学生倾听该同学的回答，导致课堂对话成为教师和个别学生的专场，其他学生则成为看客。

3. 浅表参与普遍存在，使课堂效率低下

学习了一部分内容之后，有的教师没有给予学生消化、整理的时间；教学时，教师往往随意找一个学生“空说”，或者让学生集体回应，而没有引导学生记录自己或者他人的思维过程，导致学生思维滞留于浅表。这既不利于学生对知识的掌握，也不利于思考能力形成。

4. 小组合作与参与度

在常规的课堂教学中，提高参与度可以依靠小组合作，目的是尽可能提高每个学生积极思考、得到及时关注的频度，但是提高参与度并不能仅仅依靠小组合作。

5. 提高参与度的关键

根据所学知识的特点设计能够使每个学生积极思考、主动参与的教学方式。

留一只眼睛给自己

有这样一个故事：

宫本武藏是日本历史上一流的剑客，柳生拜他为师。柳生问："以我的资质，练多久能成为一流剑客？"武藏说："至少10年。""我不能等那么久！"柳生急了，"我愿意下任何苦功，甚至给你当仆人。那需要多久？"武藏说："那，也许需要20年。"柳生更着急了："如果我不惜任何辛苦，夜以继日地练剑，需要多少时间？"武藏答道："如果这样，你这辈子没希望成为一流剑客了。"柳生疑惑："为什么我越努力，时间反而越长呢？"武藏平和地说："你的眼睛全都盯着'一流剑客'，哪里还有眼睛看自己呢？要想成为一流剑客，必须留一只眼睛给自己。如果只注视剑道，不知道反观自我、不断反省，就永远成不了一流剑客。"

教学也是如此。很多时候，我们在备课、上课、批作业、上晚自习等流程之间奔走，工作一成不变，缺乏激情。也许有那么一天，一切都不一样了，变化的原因可能有很多种，但是其中必有一种是你开始自我反思。

教师在日常教学中，都有内隐的、个人化的东西，常使教学呈现不稳定性。那些积极的东西，常常像智慧的火花一闪，或灵感的流星一瞥，接着就跑远了，你必须敏捷地抓住它，让它成为生命中的精彩。那些消极、落后的东西，也常常捣乱，需要及时清除，才能轻松赶路。

反思是审视、研究、反省、质疑、批判、提炼、升华的过程。直面自己的教育生活，理性地剖析自己的教育实践，及时抓住那些稍纵即逝的灵感火花，修正、清除那些消极的东西，让人生的前前后后互相灌溉、互相滋润。

教师若不经常反省自我，就会淹没在日复一日的教育常规中，成为地道的“教书匠”。“君子博学而日参省乎己”，智者带着思考的大脑去做。教师若能看得更清，望得更远，探得更深，见人所未见，闻人所未闻，想人所未想，得人所未得，则教学水平的提升指日可待。

有人说：“一个教师写二十年教案不一定成为名师，而写三年反思可能成为名师。”反思是由经验型教师向科研型、智慧型教师转化的必由之路。

教师对教学细节的敏感、揣摩、设计、实施、反思、重建是点亮课堂的法宝。上完课后，静坐在桌前，从容整理教学思路，总结教学得失，写下教学感悟，及时记下精彩的小插曲或倏然而至的灵感，去反思、重建我们的教学，坚持三年，必成气候。

1. 审视自己的课堂

今天的教学很满意，你是怎么做的？课堂上出了点问题，你是怎么解决的？处理得怎么样？怎样做更好？跟学生相处的那些小小片段，甚至是一个小小的身体语言，都值得自我提醒和完善。

把自己的课堂作为研究对象，去审视、推敲，品味精彩之处，检讨不足。

2. 一面最好的镜子

每隔一段时间，设计一次调查问卷，通过学生反馈，反观自己的课堂，了解学生的适应情况、需求和不满意之处，以更好地审视、反思和改进自己的教学。如：你喜欢什么样的老师？你希望老师用什么样的语调和你交流？你希望老师讲课中怎样进行讲解？你觉得什么样的作业最受欢迎？你觉得家长会和主题班会怎么开好？你认为与家长的对话应该是怎样的？你希望老师每天以什么样的精神状态面对你们……

3. 多一个平台

努力给自己创设与外界交流的平台，不断呼吸自由清新的空气。这个平台可以是集体备课，可以是参加学术专题交流，可以是外出培训……既利于与同行交流，又利于接受新理念以及丰富教育资源、教育案例。

4. 以书为鉴

好书充满智慧，读了使你增长才干；好书指引方向，读了让你少走弯路。悠游于书籍之中，感悟人生，感悟世界，从不同角度追问、挖掘自我，不断提升“已成的我”。

5. 提炼升华

良好教学方法的应用，教材的创造性重组，课堂上的奇思妙想，师生交流中的独特见解……将这些好方法加以提炼，不断改进自己的教学。在教学中难免有疏漏、失误，不要忽略它，要追问失误的缘由、后果，从中吸取教训，获得启迪，增长智慧。

成功只有通过反复的失败和自我反省才能取得。你不仅要苦干，而且要善于巧干，还要在教学实践中不断自省、积累和感悟，不断创新、升华和提炼！再回首，你已成了一个卓尔不群的人。

我与减负

我一直不屑于死记硬背、压作业、“水多泡倒墙”等低效、低智慧的学习和教育方式。从教三十余年来，我的学生从未觉得地理课给他们带来负担，这让我很自豪。但作为一名教育工作者，不能只满足种好自己的“一亩三分地”。对于减负问题，我多年来一直比较关注，也做了不少问卷。

2018年5月7日，中国教育三十人论坛在北京组织召开“减轻学生过重课业负担”座谈会。作为参加座谈会的各界代表中唯一的中学一线教师，在对大量问卷进行梳理、总结、分析的基础上，我谈了自己的一点拙见。

学生的学习不可能没有负担，适当的、有意义的课业负担是保障和促进学生健康成长的必要条件。但过重的课业负担，对学生个体成长、学生的家庭、国民素质和国民创造力，都会带来严重的负面影响。

1. 不同视角看过重课业负担

何为过重课业负担？从受教育者的角度看，每天大量重复的作业、被动的学习方式、乏味的学习过程扼杀了学习兴趣；单一的生活节奏，睡眠、锻炼时间的严重不足，使某些青少年的情绪、行为、新陈代谢等出现异常，影响身心健康；家长的期望、老师的期望、学校的期望、学习压力、作业压力、竞争压力……压得学生喘不过气来。过重课业负担下的无力感导致有些学生既抓不住当下的幸福，也看不到未来。从校外培训的调查数据看，校外班不仅大量挤占学生的休息、娱乐、兴趣培养时间，更带来整个家庭的精神和经济负担。从国家视角看，这不利于强国与创新。

2. 负担制造者

不得不承认，学生的课业负担或多或少都与片面追求升学率有关，而对升学率的片面追求又是一个席卷全社会的综合论题。

（1）考试评价制度

高考是人生的重要分水岭，给了大家公平竞争的权利；但高考最基本的特征，是考查学生对知识的掌握程度。不管我们的学生未来做什么，他们学的课程都一样。这么一个持续被全社会所“诟病”的高考体系，为什么“无比坚韧”地存续至今呢？除了上千年的文化影响外，根本原因是它具有一个无可替代的优势：通过公平地测评每个学生掌握知识的能力，用一种简明、高效并被全国人民普遍接受的方式将每年近千万考生与国家高等教育资源进行合理匹配。

我们的中、高考等升学考试制度，主要用单一的分数评价选拔学生，导致整个基础教育唯分数论，“减负令”有时沦为一纸空文。

（2）社会阶层流动

为什么很多孩子拼命考名校？为什么很多孩子不愿意到职业学校去？因为教育在某种程度上也发挥着社会分层的功能。社会阶层的利益关系不调整，学生过重的课业负担问题就很难从根本上得到解决。在社会竞争越来越激烈的今天，很多家长依然信奉读书升学是最“靠谱”的出路。大家都希望自己的孩子出人头地，有个稳定、环境好又体面的工作……

（3）“结构性加负”

在片面追求升学率的教育政绩观驱使下，教育有时沦为一种工具，德育、体育、美育等“全人教育”的内容被忽视，单一的知识教育必然导致“结构性加负”，而这种“加负”最终通过每一位教师“落实”到学生身上。学校按成绩给老师评估分等，老师为了生存，想方设法抓成绩。智慧的老师靠智慧，智慧不够的老师压作业。

（4）原生家庭

很多家长“望子成龙”，把自己未实现的梦想寄托在孩子身上。从小的竞争排名强化了国人的攀比心理。还有很多家长不考虑孩子实际，对孩子定位很高，然而定位越高，负担越重。值得注意的是，目前家庭教育对“减负”认识混乱，减负也因此演变成新版的“朝三暮四”：学校采取措施“减负”，家庭却千方百计地给孩子报各种各样的校外班，导致“校内减负、校外加负”。而且，持“减负有害论”观点的家庭不在少数。

（5）教育行政部门

剧场看戏，一人起，劝之，未果。更多人起，全体起……怪谁？怪第一个破坏规则的人吗？真正的责任人，是剧场管理员，他是秩序维护者。

政府教育资源配置失衡、教育治理失灵，导致了日益严重的恶性升学竞争。各级教育行政部门必须对校内教学、校外培训市场等做好督查，确保在统一规则下进行教学，并实行相应的多维评价，否则就是不公平的，选拔的人才也是有出入的。

3. 何为减负？

中小学生课业负担过重，是一个被多种调查所证实的客观现实。如何减负是涉及全社会的系统工程，需要全社会从思想上达成共识。

（1）减负不等于轻松——调结构

学生的学习时间长、作业多、睡眠和锻炼时间少、心理压力大……这是不争的事实，但减负不是简单地降低课程难度，不是不要考试，不是不要竞争。减负是减轻过重学习负担给学生全面发展所带来的负面影响，是为了给每个学生健康成长创造更好的教育环境和教育条件。

减负不是简单地做减法，是为了更好地培养人，是依据学生的成长需求，改变学生学习的内容、方式、结构、状态，让学生过一种有意义的学习生活。学生喜欢，废寝忘食都不累；学生不喜欢，再轻松都是负担。减负，应该从学生成长的角度设计教育的蓝图，用自由呼吸的教育为单一考评下的学生们松绑。

（2）减负增效——减法和加法

方向不对，努力白费。在这百舸争流的时代，我们应该奋发图强，但如果忙不到点子上，就适得其反。如果偏离了方向，努力和吃苦就是负担。

减负，要给创新和学生发展松绑。一件小事让我印象颇深：那是在2017年，清华大学“钱学森力学班”举办了为期四天的笔试、面试、心理测试和多种实践环节的创新挑战营，来自全国的高三优秀学生和少部分高二学生参加。十场考试之后得到了一个意料之外的结果，前5名几乎都是高二学生。是高二的孩子特别优秀，还是到了高三孩子们变“笨”了？我们知道，高三强调规范训练，学生为了保持成绩的稳定而变得小心翼翼，不敢轻易试错和创新。诚然，规范是金，但如果过分强调低层次的规范，对思维成了一种捆绑，就令人担忧了。

我们的学生屡屡在国际学生评估项目（PISA）测试中获得举世瞩目的好成绩，这究竟是喜是忧？貌似我们基础教育很扎实，我们赢在了起点，美国近些年开始的州考，也是在向我们学习。赢得了考试，赢得了笔试条件下的“能力”，但我们真的赢了吗？不得不承认，笔试环境下的考试大多可以速成，但很多能力却不能速成。分数并不能完全反映能力，爱心、健康、态度、体验、自尊、人格、习惯、情趣、适应力等教育该追求的本质的东西能只用升学成绩衡量吗？学生的身心素质如何？生存竞争力如何？在考试第一的背后，我们付出了什么样的代价？我们有没有想过，在人生最好的岁月中，我们的学生学了太多知识的同时，悄悄地错过了什么？

结构性减负，如何做加减法？

4. 减轻课业负担的路径

减轻课业负担是一个综合改革，是涉及全社会的系统工程，必须处理好一系列关系。我们首先需要给出良好教育的标准和愿景，让全社会从思想上对教育的本质、价值等达成共识。

（1）来自学生的声音

减轻负担不是不要负担，而是让孩子们愉快地学习。美国高中生的课业负担也很重，但学生是自愿地、主动地、兴趣盎然地去探索，我们的学生是被动地去接受知识，性质完全不同。要想减负，首先要改变学生的学习状态，使学生的学习从被动变成主动，从索然无味变成趣味盎然……要关注学生的需求，倾听学生的心声：

减少作业。

增加假期，放学时间提前，保证充分的调整与休息时间。

多进行课外活动，根据综合能力对个人成绩进行评定。

按时放假，按时休息，劳逸结合，提高效率。

不要抢占音、体、美课，每天多些体育锻炼。

开展一些心理疏导。

讲课慢点，留点反应时间，给点思考的时间。

增加活动内容，各科作业不要同一天大量堆积。

因材施教，激发兴趣就不会感觉负担重。

增加自主学习时间，增加趣味引导性学习。

去操场散步，找朋友倾诉。

作业分层，规范自习课，按学科难度分班。

……

（2）大学多维招生评价体系

减负背后最大的问题还是考试制度的问题。我们需要完善评价体系，用评价导航方向，用评价监控过程，用评价定位结果，以新功利对抗传统功利，撬动高考改革，撬动基础教育，最终撬动家庭教育。

要加强“买方”（大学）与“卖方”（高中）的联动。“买方”不能被动等待“送货到门”，要从种子选拔、培养过程……全程指导参与，才能“买”到自己需要的“菜”。大学要扩大自主招生，要确保充足的考核时间，还要有专门负责招生和监管中学生发展的权威团队。例如：山东省高考的综合评价、清华大学的多维招生、浙江“三位一体”……都是减负增效的风向标。

（3）学校课程开发和评价调控

我们要开齐国家课程，开设多样化、可选择、适合学生成长的课程，给学生自主选择的机会，让所有学生享受公平而有质量的教育。如很多学校的创新课、实践性学习课程、社团活动、研学旅行课程、艺术节……都是结构减负的良方。

要建立选课指导中心，设立家委会、心理咨询中心，开设人生规划课……学校不能只有专职教书的，更要有专职育人的教师群体。要注重孩子心理的健康和安适，保证必要的睡眠和运动时间，使每个孩子有尊严、有期待、有希望。

对学生要多元评价，要根据大学和社会的需求设置多维评价体系，把学生的创新、研学、体育、实践活动等纳入高考。对老师也要多元评价，教书只是一方面，教师的育人和教育创新也要纳入评价体系。

（4）教育行政部门立法、监督

教育行政部门要用开放的眼光和开阔的思路来适应受教育者的多样需求；要均衡配置教育资源，以保证每个学生享受到公平而有质量的教育；要处理好校内教育与校外教育的关系；要重构学校教育、校外培训资源和公共教育服务的关系；要完善教育政绩考核指标体系，把依法履行教育职责、开齐国家课程、保障学生身心健康、保障教师工资待遇等作为教育政绩考核的约束指标；要不定期对学生作息、作业量进行校外查访，结果在媒体公布，作为评估学生负担是否过重的依据。

（5）教师队伍的优化

教师位于减负的末端，也是最关键的一环。学校教育需要有灵气、有智慧的教师，但我们遗憾地看到，教师队伍里有些人甚至不适合、不喜欢当老师，有人选择当老师只是为了生活稳定，有的老师缺乏智慧、课堂教学效率低……何谈减负？高水平的教师是教育教学质量的基本保障，要加强教师队伍建设，提高教师的入职门槛，培养一批有理想、有智慧、有能力的“种子”教师。

（6）改变教学方式

教学充满了无限的可能，单调、重复、无智慧含量的学习最折磨人。“情境教学”“实践性学习”“主题教学”“大单元教学”“项目化学习”“大概念教学”“做中学”……总有一种会带来课堂的改变；如何实施跨学科教学，如何设计案例教学，学生思维如何建构，重点章节如何突破，教学情境如何创设，教学环节如何关联、推进、生长，学生思维出现障碍时如何把握教学时机……每一点教学创新和实践都会优化课堂生态，为学生“减负”。

（7）家，温暖的港湾

孩子的问题，或多或少都是家庭的问题。父母的价值观、生活方式、身心素质直接影响孩子应对课业负担的能力。温馨的家庭氛围、良好的亲子关系是减负的“灵丹妙药”。聪明的父母善于沟通，要善于用倾听的耳朵、紧闭的嘴巴和关心的眼神，平等地对待孩子，尊重孩子。

减负，是为了维护和满足每个家庭、每个学生教育的权益，全面提高公共教育质量。近些年新高考改革、教育部“双减”政策出台等大的举措，让我们充满期待。为了孩子的成长和民族的未来，各级教育行政部门、地方政府、学校、教师、家庭都要拿出行动，为孩子们的生命“减负”，让青春洋溢的孩子们活得健康、学得开心、“苦”得有价值，让教育成为送给每个孩子的一份人生礼物！

清明

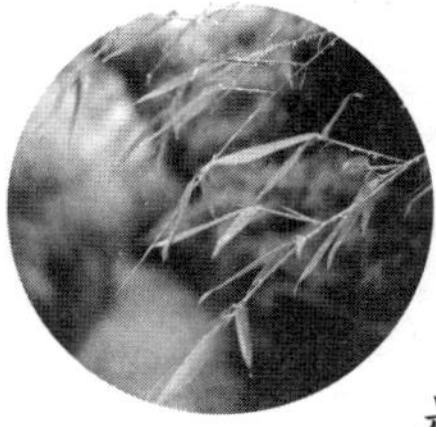

天清水明，忍不住想你。那个总是微笑的你，那个心灵手巧的你，那个总有讲不完的故事的你，那个总是轻声细语的你，那个与世无争的你，那个总是把好吃的留着给我的你，那个世界上最疼我的你——我最亲爱的奶奶。说不出是太阳升起还是雨落下的时候，说不出是忙着上班还是闲来漫步的时候，说不出是什么样的开始、结束在什么时候，想你……不知道是春太短暂还是落花太伤感，不知道是梦太遥远还是我太孤单，不知道是不是还有可能回到从前，寂静的清晨有着墨不多的远山，在蕨类植物的清影里，有你温暖的笑脸……

谷雨

雨生百谷，雨为谷生。此时的田中，秧苗初插，作物新种，湿润的土地上冒着热气，风携来新鲜的阳光和青草的气息。上下班的路上，不时飘过泡桐的香气，是青春的味道。恼人的柳絮，也不甘寂寞，如影相随。“岂是绣绒残吐，卷起半帘香雾，纤手自拈来，空使鹃啼燕妒，且住且住，莫使春光别去。”彼时的大观园里，姐姐妹妹们纷纷作起了柳絮词。一炉香燃尽，蘅芜君展卷“白玉堂前春解舞，东风卷得均匀”。“韶华休笑本无根，好风凭借力，送我上青云”，薛宝钗难得直抒心怀，竟是借着漂泊不定的柳絮言出。旧事旧人，全如柳絮般，随风而去。

第二乐章 课堂采风

时间摆渡生命的风景，而风景静止，时光流逝。据说，今年的好课，明年就会过时；曾经眉眼分明的精彩课堂，常常经不住时间的更迭……但是，我依然想把它们记录下来，因为那里，有我的青春。

课有经纬

新授课、复习课、讲评课、实验课、专题课、答疑课……千课千面，但不管千变万变，课程标准、参与度、学科精神是课堂的“三位一体”。内容是金，好老师要有依据课程标准开发课程资源的能力；方法是金，好老师应该心怀调动学生参与度的“三十六计”；素养是金，好老师应该让自己的课拥有学科的“精气神”。

资源开发——走进西藏

（本课例为2008年山东省教师远程研修课程专家推荐课例）

在《地表形态对聚落及交通线路分布的影响》这节课的教学中，我依据课程标准开发资源，以青藏铁路为案例设计教学。课前的情境创设，图文资料、视频资源的选取，大型工程建设中环境观、发展观的素材呈现……都力求与现实生活相连，从而提高了学生的参与度，激活了课堂教学。

《地表形态对聚落及交通线路分布的影响》教学设计

【课程标准】结合实例，说明人类活动与地表形态的关系。

【内容分析】本节课以地表形态对聚落和交通线路分布的影响为例，讲述自然环境对人类活动的影响。取材贴近生活，说明地理环境是人类不可或缺的外部条件；同时也在一定程度上制约着人类活动，在特定区域成为影响人类活动的决定性条件。通过课程资源开发和情境创设，剖析地表形态对聚落分布、交通网构建、线路走向、线网密度和分布格局的影响，使学生形成科学的人地观和发展观。

【学习目标】

1. 以不同地区城市聚落的分布为例，说明地表形态对聚落形成和发展的影响。

2. 分析中国铁路网分布图，举例说明地形对交通运输方式、线网密度、分布格局、线路走向的影响。

3. 通过对青藏铁路案例的研究，尝试从学习和生活中发现问题，提出解决问题的对策。

4. 通过对青藏铁路过程性资料的探究，树立正确的人地观。

【教学流程】

开篇：音画引领，带入情境。

（播放青藏铁路及沿线景观图片、歌曲《天路》）设置悬念，激发学生兴趣和求知欲望，创设良好的课堂氛围。

2006年7月1日，世界上海拔最高、穿越冻土最长的青藏铁路全线通车，让我们乘坐首班列车，穿越可可西里、三江源、羌塘草原，再一次去见证这伟大的穿越。

观看图片，并分析青藏高原上村落数量少、规模小、人口少、分布稀疏的原因。

同桌合作，探究表达。

出示课题：地表形态对聚落和交通线路分布的影响。

1. 地形与聚落探究：以西藏为切入点，探究地表形态对聚落（以城市聚落为例）形成和发展的影响。

河谷中的城市——拉萨

（1）西藏城市聚落探究

西藏城市聚落集中分布在哪里？为什么？

（2）中国城市分布探究

中国的一些城市有几千年的历史。究竟哪些因素影响了城市的分布？为什么？

（3）以巴西为案例探讨热带地区城市分布规律

小组发现、交流、分享。

总结：从地形看，城市主要分布在平原、山区的河谷、热带的高原或滨海地区。

问题探究：以上地区适于城市发展的共同优势有哪些？

反思：在学生回答不出所设问题或对问题感到出乎意料时，教师要对如何引导学生，做到心中有数。问题设计不能过于细致，否则，会限制学生思维，让学生感到“一切尽在掌握之中”，使课堂缺少意料之外的精彩。当课堂上出现意外时，对于教和学来说是双赢的。

2. 地形与交通探究：设置问题情境，探究地表形态对交通线的密度、分布格局、运输方式、线路走向的影响。

（1）地表形态对线网密度的影响

① 读我国铁路线分布图与分层设色地形图。观看动画，思考讨论：线网密度与地形、地势有什么关系？为什么台湾的铁路线为环状？什么情况下出现环状铁路？青藏铁路在穿越昆仑山、唐古拉山时，是如何修建的？

② 为什么平原地区铁路线密集，高原地区铁路线稀疏？

西藏根本没法修铁路。那里有5000米高的山脉要翻越，12公里宽的河谷要架桥，还有绵延上千公里、根本不可能支撑铁轨和火车的冰雪和软泥。怎么可能有人在零下30摄氏度的低温中开凿隧道，或者在这个稍一用力就需要氧气瓶的地方架桥铺轨呢？然而，以上种种正是让今天的中国为之兴奋的挑战。

——英国《卫报》

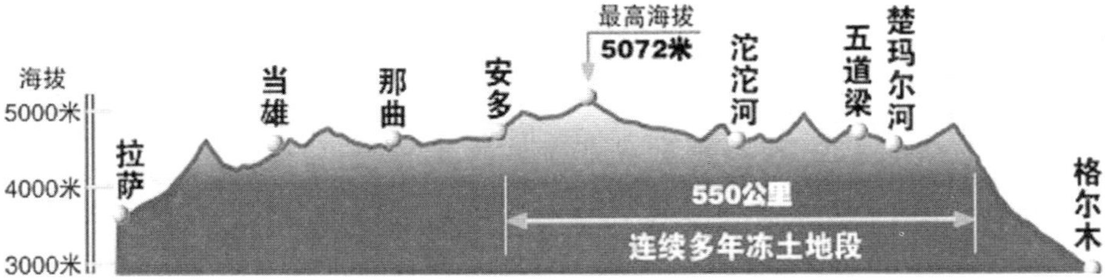

青藏铁路格尔木至拉萨段地形剖面图

以桥代路

仅从地形看：青藏高原地处第一阶梯，平均海拔在4000米以上，高寒缺氧、冻土广布、生态环境脆弱，一旦破坏很难恢复；多山地、地震多发，地质条件复杂，易导致线路稀疏。

东部平原地势平坦，地质条件单一，既便于施工，也利于节省投资，因而线路密集。

（2）地表形态对线路走向和分布格局的影响

① 观察：不同地形区的线路走向和长度有何不同？不同地形区线路建设所需工程量和造价有何差异？

② 小组讨论：从减少工程量和工程难度，增加安全性，降低工程造价方面考虑，交通线应尽可能选建在哪些有利的地形单元和地形部位？

山区与平原地区交通线选线差异

选线时要充分考虑沿线的自然、经济、社会、生态和技术等因素（如经济需求、技术保证、线路长短、工程量、占地等），选择有利地形（如平原、河谷、缓丘、山间盆地、垭口等处），避开不利地段，降低工程造价，减少对环境的破坏。

③ 走进生活，学以致用：学生阅读助学资料上的分层设色地形图，设计铁路线并交流。

反思：学生依据所学知识，迁移应用，设计选线方案，与专家设计的鹰厦线、鹰福线如出一辙，既让学生体验到成功的惊喜，也培养了学生知识迁移、实际应用的能力。

总结：地表形态影响交通运输方式、线网密度、分布格局、线路走向。

小组讨论：线路分布的影响因素——培养学生全面看问题的能力。

① 宏观走向：社会经济因素决定。

② 具体走向：受地形等自然条件影响明显。

③ 科技是保障。

3. 人地协调：青藏铁路过程性资料探究，树立科学人地观。

（1）呈现资料：青藏线、川藏线、滇藏线的设计方案对比。青藏铁路难题、技术、自然条件、勘探过程等资料。

（2）学生讨论交流：三种方案对比，为何选择青藏铁路为第一条进入西藏的铁路？有人说，青藏铁路如果早5年建成，后果将不堪设想，你知道为什么吗？

青藏铁路沿线

地形障碍是需要考虑的主要原因。滇藏线、川藏线需跨越我国的一二级阶梯（“蜀道之难，难于上青天”“黄鹤之飞尚不得过，猿猱欲度愁攀援”）；青藏线完全处于第一阶梯，相对平坦，工程量小，造价相对较低。

触动心灵，回应主题：观看青藏铁路宣传片。

青藏铁路从酝酿到建成通车，历经半个世纪之久。初期人们更多考虑的是自然条件对工程建设的限制（高寒缺氧、冻土广布、个别地段地势起伏大、地质条件复杂等）。在利用技术解决上述问题的过程中，人们越来越意识到这种大型工程的建设对生态环境施加的影响，所以青藏铁路经过多次论证、修改、完善，最终才成为体现人与自然和谐共处的“吉祥天路”。

（3）情感、态度、价值观（升华篇）

① 修建青藏铁路的意义何在？（从资源开发、经济发展、激活路网、国防安全、民族团结、生态保护等方面考虑）

② 资料呈现，激发学生谋求人地协调的情感、态度、价值观。

“藏羚羊是‘老大’，环保监理是‘老二’，这两样我们都不敢惹！”这是记者在青藏铁路建设工地上常听到的“怨言”。

青藏铁路途经藏羚羊、藏野驴、野牦牛等野生动物的生活区，铁路选线时尽量避开它们栖息、活动的重点区域。例如，为了避开“神湖”纳木错和林周黑颈鹤自然保护区，铁路改道羊八井，线路长度增加30千米，为此增加投资3亿元。

小组讨论：人们为什么不惜耗费时间和巨资做这些工作？值不值得？

尾声：那是一条神奇的天路，那里是野生动物的天堂，是人与自然和谐相处的所在。我们希望不管时光流转，世事沧桑，那里永远是世界的净土！

微专题——湖泊

（本课例为2021年3月国培项目中西部同课异构活动高三展示课）

活动一：共议学习目标，明确学习方向

1. 情境引入

以歌曲《贝加尔湖畔》为课前情境创设的背景音乐，并展示不同类型的湖泊图片。

月牙泉

天池

乌梁素海

（图片来源：人民网，孟佳澍摄）

2. 考情分析

近几年考题统计		题号	考查内容	分值
2020	山东卷	选择题9−10	奥赫里德湖、普雷斯帕湖：湖泊的补给类型及水文特征	6
2019	全国卷Ⅰ	综合题37（1）	里海：地形、气候等要素对湖泊的影响	6
	全国卷Ⅰ	综合题37（2）（3）	里海：湖泊水文特征变化的原因	12
2018	全国卷Ⅰ	综合题37（1）	扎龙湿地：堰塞湖与沼泽的对比	14
	全国卷Ⅱ	选考题44	白洋淀：湖泊对地理环境的影响	10
	全国卷Ⅲ	选择题6−8	贝加尔湖：湖泊的成因及水文特征	12
2017	全国卷Ⅰ	选择题6−8	闭合流域盐湖：湖泊的水文特征及湖泊面积变化的原因	10
2016	全国卷Ⅰ	综合题44	虾池对地理环境的影响	10
2015	全国卷Ⅰ	综合题36	美国大盐湖盛产卤虫的原因	22
	全国卷Ⅱ	综合题37（3）（4）	乌梁素海：湖泊的水污染及治理	10

3. 画龙点睛

湖泊可看作一个“大水盆”，湖盆的形成是因为地质作用，水的演变则是水循环所致。所以对湖泊考查的实质是依托湖泊考地质作用、水循环等基本知识的迁移应用。

4. 核心任务

任务一：从地质作用看湖泊形成。

任务二：从水循环看湖泊特征及演变。

任务三：从人湖关系看湖泊可持续发展。

活动二：从地质作用看湖泊形成

1. 阅读主要湖泊类型的成因，判断下图中湖泊类型，并说出判断依据。

阅读材料：湖泊的类型及成因。

湖泊形成的原因有很多种：地壳运动、自然侵蚀、堆积作用、人为力量等都会让地表凹陷，进而蓄水变成湖泊。一般来说湖泊按成因可以分为以下几种类型：

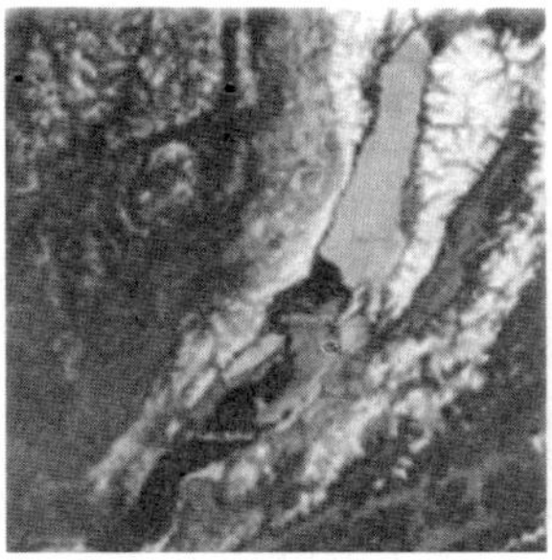

构造湖

火山口湖

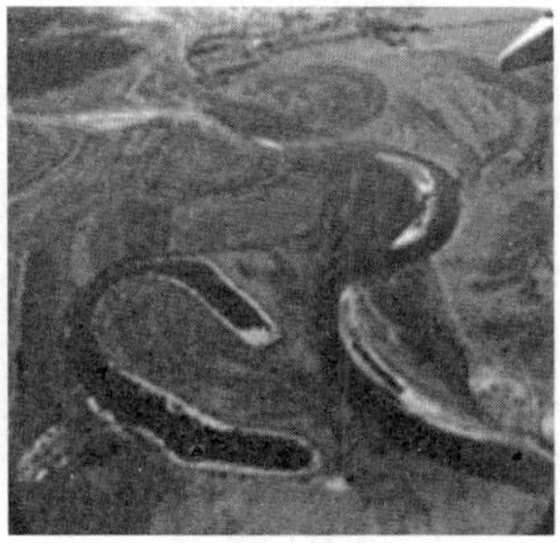

牛轭湖

堰塞湖

冰川湖

海成湖

（1）构造湖——地壳断裂下陷，积水成湖

在高山高原、丘陵和平原的地表发生断裂并出现凹陷，凹陷的地方逐渐蓄水，形成湖泊。例如：贝加尔湖、青海湖、鄱阳湖、洞庭湖、滇池等。

（2）火山口湖——火山口积水成湖

火山喷发后在火山的顶部会留下巨大的火山口，火山口不断积水形成湖泊。火山口湖远望是一座锥形山体，湖岸陡峭，深不可测。例如：长白山天池。

（3）牛轭湖——河流裁弯取直，河道废弃

平原地区的河流，会因为水流对河道凹岸的冲刷与侵蚀，变得愈来愈弯曲，最终自然截弯取直。原来弯曲的河道废弃，形成牛轭湖。例如：乌梁素海。

（4）堰塞湖——滑坡等导致堰塞体堵塞河床

堰塞湖是由于火山熔岩流、地震活动等地质原因引起山崩，造成河谷或河床堵塞，之后蓄水形成湖泊。火山熔岩作用形成的堰塞湖，叫熔岩堰塞湖。例如：镜泊湖。

（5）冰川湖——冰川刨蚀、洼地积水

冰川湖大多分布在高山有冰河的地方，当冰河融化时，会因为冰川挖蚀的坑和冰川融化的水堵塞蓄积而成为湖泊。例如：北美洲的五大湖，欧洲芬兰、瑞典等地的冰蚀湖。

（6）海成湖——从海中完全隔离出来的湖

泥沙沉积使得部分海湾与海洋分割而成，通常称作“潟湖”，如里海、宁波东钱湖、杭州西湖等。杭州西湖原为一片浅海海湾，后来由于海潮和钱塘江携带的泥沙不断在湾口附近沉积，使湾内海水与外部海洋完全分离，海水才逐渐淡化形成今日的西湖。

2. 小试牛刀

读沿北纬55° 所作的湖泊地质剖面图，回答（1）—（2）题。

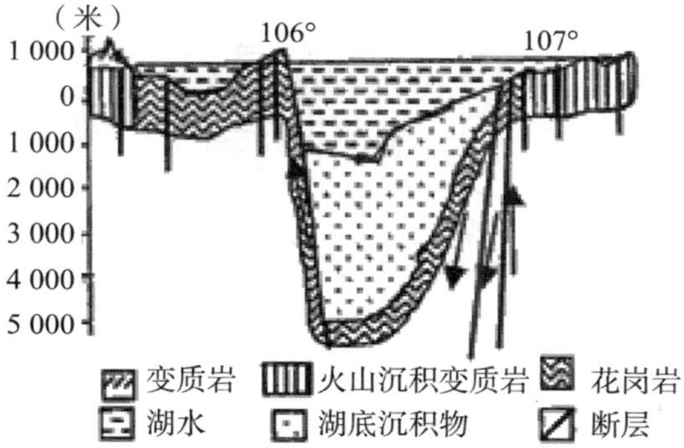

湖泊地质剖面图

（1）图示湖泊的成因（　　）。

A. 断层陷落　　B. 冰川侵蚀

C. 滑坡壅塞　　D. 火山活动

（2）该湖分布在（　　）。

A. 加拿大境内　　B. 俄罗斯境内

C. 芬兰境内　　D. 瑞士境内

3. 拓展应用

堰塞湖是由火山熔岩流、冰碛物、山崩滑坡体等堵截山谷、河谷或河床后贮水而形成的湖泊，堵截物质称为堰塞体。堰塞体往往不够稳定，容易垮坝。读图回答（1）—（3）题。

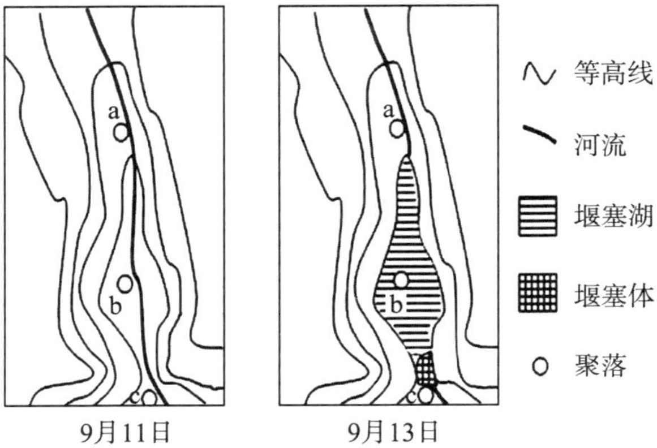

堰塞湖示意图

（1）据图分析，图中堰塞湖形成的直接原因是（　　）。

A. 地震　　B. 滑坡

C. 火山喷发　　D. 洪涝灾害

（2）图中三个聚落都受到堰塞湖的不利影响，影响程度从大到小依次是（　　）。

A. a　b　c　　B. b　c　a

C. b　a　c　　D. c　b　a

（3）当地政府应对堰塞湖危害的正确措施是（　　）。

A. 紧急撤离图示地区所有居民

B. 利用堰塞湖发展旅游、航运、发电等产业

C. 加强对堰塞体的监测，制定并执行应急方案

D. 使用大量炸药完全摧毁堰塞体

4. 新鲜视点

杭州西湖曾是一片浅海海湾，与海“分手”后成了潟湖。里海也是潟湖，曾与地中海“水乳交融”。所以，“脱海”的潟湖，都是有故事的湖。

活动三：从水循环看湖泊特征及演变

1. 说出下图中每个箭头代表的湖泊水循环环节。

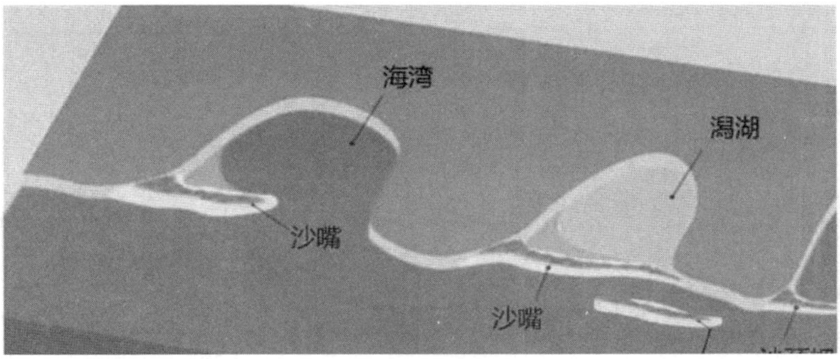

西湖——潟湖

2. 试着谈谈每个环节代表的地理事物大小变化将会对湖泊产生什么样的影响。

3. 水循环与湖泊的盐度分析

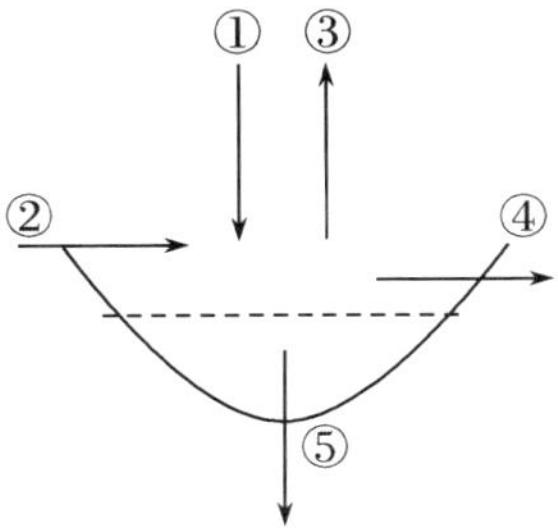

按盐度分类

	特征	举例	主要分布区
淡水湖	与外流河相通，湖水易交换，循环更新周期短，含盐分少。	鄱阳湖、洞庭湖、太湖、北美五大湖、贝加尔湖等	主要分布在外流区（或降水较多的地区）
咸水湖	为内流河的终点，只有流进的河流，没有流出的河流。因蒸发旺盛，盐度较大。	青海湖、纳木错、里海、死海等	主要分布在内流区（或降水较少的地区）

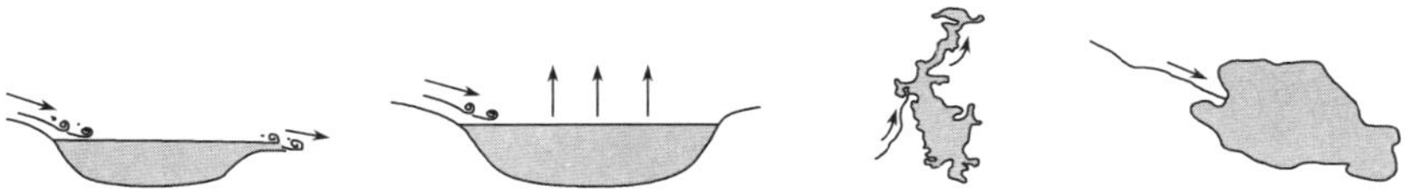

从水循环看湖泊演变

4. 典例分析：从地质作用、水循环看湖泊演变

（2019·全国Ⅰ卷，37）随着非洲板块及印度洋板块北移，地中海不断缩小，里海从地中海分离。有学者研究表明，末次冰期晚期气候转暖，里海一度为

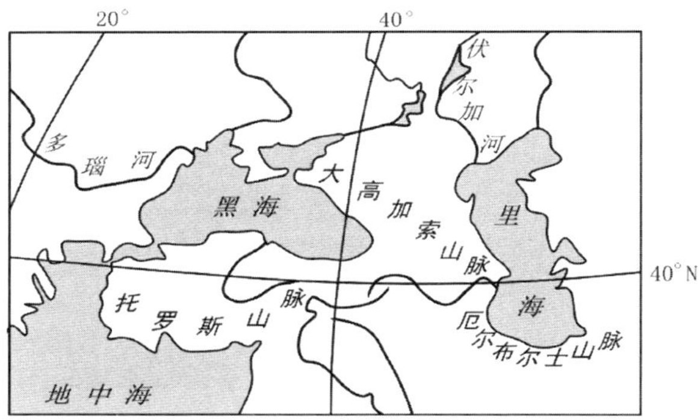

里海的演变

淡水湖。当气候进一步转暖，里海北方的大陆冰川大幅消退后，其补给类型发生变化，里海演变为咸水湖，但目前湖水盐度远小于地中海

的盐度。上图示意里海所在区域的自然地理环境。

（1）末次冰期晚期里海一度为淡水湖，对此做出合理解释。

（2）分析补给类型发生变化后里海演变为咸水湖的原因。

活动四：从人地关系看湖泊的可持续发展

1. 思索讨论

湖泊的生态效益、经济效益和科考价值表现在哪些方面？小组讨论并绘出概念图。

2. 拓展应用

艾比湖是准噶尔盆地最大的咸水湖，湖水较浅。湖中有鱼类、芦苇等动植物资源，芦苇对湖水有净化作用。近几十年，艾比湖流域新增了大量耕地、灌渠，湖面缩小了1/2，芦苇大量枯萎，读材料回答（1）—（2）题。

（1）结合材料信息推测，艾比湖面积的缩小会使（　　）。

A. 湖水的含盐量减小　　　　B. 湖中鱼类密度增大

C. 湖泊自净能力减弱　　　　D. 湖水蒸发总量增大

（2）为防止艾比湖继续萎缩，在该湖流域应采取的措施是（　　）。

A. 修建水库，调节径流　　　　B. 退耕还林，保护水源

C. 退耕还湖，水产养殖　　　　D. 种植芦苇，改善水质

活动五：科学探索——走近贝加尔湖

1. 贝加尔湖位于俄罗斯境内，是世界上最深的淡水湖，平均深度744米，形成于构造山谷地带。贝加尔湖有88～146天的结冰期，南北

结冰期差异大。受全球变暖的影响，贝加尔湖水温在升高，结冰期也略有缩短。

简述贝加尔湖的形成过程。

2. 贝加尔湖是世界上最深、蓄水量最大的淡水湖，水量约占全球河湖淡水总量的1/5，湖水纯净透明。湖面海拔456米，表层水温8月最高，为9℃～10℃；1—5月封冻，冰层厚度为0.7米～1.15米。上图为贝加尔湖流域局部示意图。

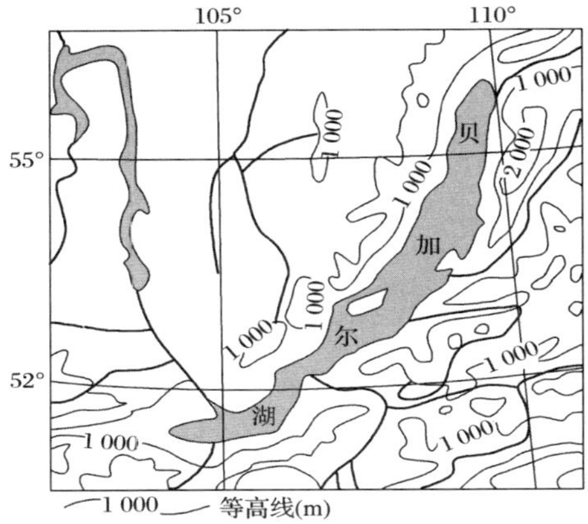

贝加尔湖流域局部示意图

分析贝加尔湖周围地区夏季凉爽，成为理想“避暑胜地”的原因。

3. 20世纪60年代初，莫斯科政府在湖畔建起大型贝加尔纸浆造纸联合企业，遭到民众的强烈抗议。请从地理视角解释民众抗议的原因。

主题单元——工业

（此课例为2012年山东省骨干教师主题单元教学设计培训作业）

主题单元	高中地理必修二《工业生产活动》
所需时间	6课时
专题划分	专题一　认识影响工厂区位选择的主导因素，通过三次技术革命了解工业区位因素的变化。（2课时） 专题二　了解不同工业对地理环境的影响，设计布局方案，根据图文信息评价工业布局的合理性。（2课时） 专题三　项目实施与展示评价。运用所学知识，设计招标项目并展示，创设情境，迁移应用。（2课时）
主题单元学习目标	
1. 通过生活中主要工厂的信息资料，了解区位选择的主导因素。 2. 通过图文信息的读取，学会评价工业布局的合理性。 3. 通过对辽中南和硅谷的角色扮演，对工业区的形成和发展作出评价。 4. 通过化肥厂、造纸厂竞标项目设计，把知识与生活联系起来。	
对应课标	
结合实例，说明工业的区位因素。	
主题单元问题设计	1. 厂址选在哪里最好？——不同工厂的区位选择。 2. 工业生产对地理环境有哪些影响？如何合理布局？ 3. 工业集聚与分散的原因是什么？有哪些表现形式？各有何优势？ 4. 研究项目：1亿元该投给谁？
专题一	工业区位选择（2课时）

续表

<table>
<tr><td colspan="2">本专题学习目标</td></tr>
<tr><td colspan="2">1. 明确不同工厂的区位选择。
2. 说出工业区位因素的变化。
3. 了解环境因素对工业布局的影响，学会评价工业布局的合理性。</td></tr>
<tr><td>本专题问题设计</td><td>1. 工业布局要获得最大收益需考虑哪些要素？
2. 制糖厂、瓶装饮料厂、炼油厂、电子元件厂、电子装配厂宜布局在哪里？
3. 经过三次技术革命，工业区位因素发生了哪些变化？
4. 不同工业对环境有哪些影响？应该如何布局？</td></tr>
<tr><td colspan="2">学习活动设计</td></tr>
<tr><td colspan="2">活动一：企业家招募测试——理论篇
问题
1. 若想降低成本，提高效益，工厂建厂要考虑哪些因素？
2. 举例说明不同的工厂着重考虑的因素有什么不同？
活动二：企业家招募测试——实践篇
展示阅读材料，回答：制糖厂、炼铝厂、炼油厂建厂考虑的主导因素是什么？
制糖厂
原料主要是甜菜和甘蔗。甜菜的含糖率在14%～20%，甘蔗的含糖率在8%～17%，即每生产1吨糖需5吨～7吨甜菜或6吨～12吨甘蔗。甘蔗在贮藏期间，蔗糖会逐渐自然转化，在微生物的作用下，甘蔗会发生霉烂腐败现象，影响制糖操作及糖分回收，严重腐烂的无法用来制糖。
炼铝厂
铝金属冶炼工艺：铝土矿→氧化铝→电解→金属铝。</td></tr>
</table>

每生产1吨氧化铝耗用：铝土矿2吨，纯碱80千克～96千克，重油120千克～130千克，电能210度～480度，蒸汽2000千克～5000千克，煤850千克；排出赤泥0.5吨～1.4吨。

每生产1吨铝耗用：氧化铝1.92吨，碳素0.51吨，冰晶石0.04吨，氧化盐0.03吨，电能19000度；排出：氟化氢15千克，氟尘8千克，四氟化碳2千克左右。

炼油厂

原料是石油，运输方式多为管道运输——成本低、运量大、安全性高。

产品：主要是汽油和柴油。汽油运输用专门的油罐车，由于汽油和油罐摩擦起电，使汽油和油罐带异种电荷，二者之间放电出现电火花容易引燃汽油，所以油罐车通常有一个铁链拖在地上，可以把油罐车带的电荷转移到地面，避免事故的发生。

阅读“硅谷”有关材料和来自东莞的一则招聘广告，讨论电子工业和电子装配工业最突出的布局特点。

硅谷

位于美国加利福尼亚州的旧金山，是一处近50千米的狭长地带，是世界最为知名的电子工业集中地。以拥有雄厚科研力量的斯坦福大学、加州大学伯克利分校和加州理工学院等世界知名大学为依托，拥有思科、英特尔、惠普、朗讯、苹果等大公司和8000多家中小型高新技术公司，所产半导体集成电路和电子计算机约占全美1/3和1/6。20世纪80年代后，生物、空间、海洋、通讯、能源材料等新兴技术的研究机构纷纷在这里出现。

电子装配工招聘

月收入：1800～3000元/月。基本工资：1800元/月。招聘人数：100人。

年龄要求：16岁～45岁。

月工作天数：26天/月。

加班费：平时15元/小时，周末18元/小时，节假日20元/小时。

食宿安排：包住，6人1间。

寒假小时工：做满一个月每小时9元，不满一个月每小时7元。

活动三：观看关于三次技术革命的纪录片，说出工业区位因素的变化

问题：新技术革命以来，哪些工业区位因素发生了变化？发生了怎样的变化？为什么会有这种变化？

活动四：工业的合理布局与环境保护

1. 就你的生活经验，哪些工业基本没有污染，哪些工业水体污染严重，哪些工业大气污染严重？

2. 从保护环境的角度，该如何合理布局图中工业？

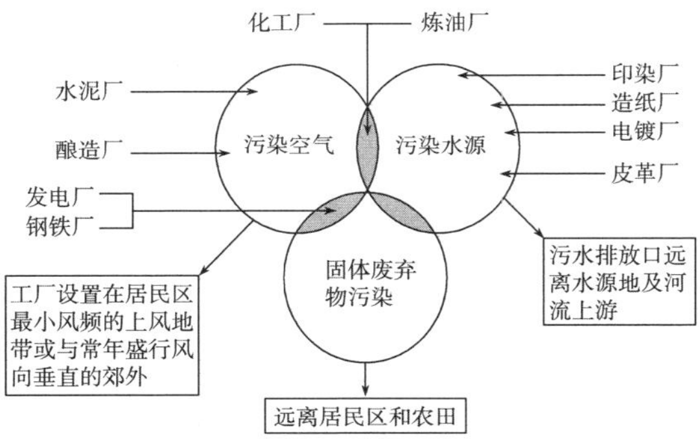

污染严重工业的区位选择

活动五：某城镇计划建设电子工业基地、饮料厂、钢铁厂和化工厂，请选址并陈述钢铁厂的布局理由。

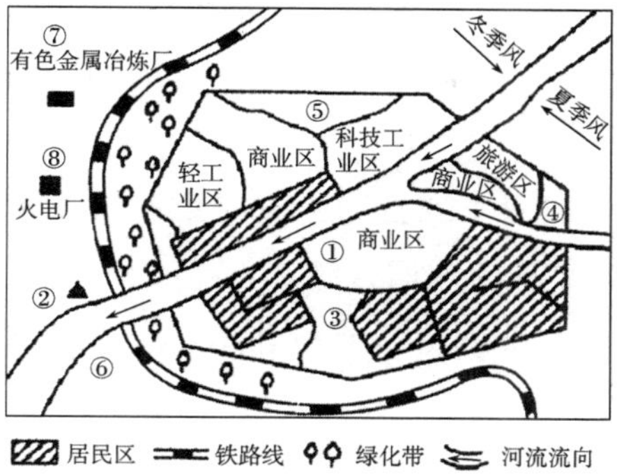	
专题二	工业联系与工业地域（2课时）
本专题学习目标	
1. 举例说明工业地域形成的原因。 2. 能够对某工业区的区位因素和发展条件做出评价。	
本专题问题设计	1. 工业联系的类型有哪些？工业集聚的优势是什么？ 2. 福特汽车的零部件生产网络为什么分布在十几个国家？ 3. 列出辽中南和硅谷发展的区位因素。
学习活动设计	
活动一：工业集聚和工业地域的形成 问题： 1. 上海宝钢地区集中出现大批炼铁厂、炼钢厂、水泥厂、化工厂等，产生这种集聚的原因是什么？ 2. 黄河上游出现“有色金属长廊”的原因是什么？ 3. 举例说明引起工业集聚的原因还有哪些？这样做有什么好处？ **活动二：展示福特汽车生产网络，讨论发达国家在海外建厂的原因** **活动三：见仁见智——工业布局应该走向集中还是分散？**	

<table>
<tr><td colspan="2">

活动四：角色扮演——硅谷对话辽中南

硅谷课题组：该工业区位于美国哪个城市附近？发展高新技术产业的区位因素有哪些？

辽中南课题组：图中工业区工业发展的区位优势有哪些？该地区20世纪80年代以来经济衰落的原因是什么？

共同课题：传统工业区（如德国鲁尔区、东北工业区）的振兴之路在何方？

课后活动布置

项目说明：分组讨论调查方案，选择下面一项调查家乡工业现状，讨论家乡在保护环境的前提下谋求进一步发展的对策。

1. 调查家乡地形、水源、矿产资源、农业基础、社会经济状况、劳动力状况及交通运输等区位因素并作出评价。

2. 调查家乡的主要工业部门和生产情况。

3. 调查家乡主要生产活动对地理环境产生的影响。

对各小组的资料汇总分析，在此基础上合作撰写一份加快家乡经济可持续发展的调查报告。

</td></tr>
<tr><td>专题三</td><td>项目设计与展示：1亿元该投给谁？（2课时）</td></tr>
<tr><td colspan="2">本专题学习目标</td></tr>
<tr><td colspan="2">1. 学会综合选择和决策。
2. 学会评价工业布局的合理性。</td></tr>
<tr><td>本专题问题设计</td><td>1. 工业的合理布局应该考虑哪些因素？
2. 在你的方案中是否考虑到了工业的联系和环境问题？
3. 你的竞标方案合理和独到之处在哪里？</td></tr>
<tr><td colspan="2">学习活动设计</td></tr>
</table>

续表

问题情境：投资方有1亿元资金，打算在当地投资建厂，要求项目方拿出好的竞标方案。 **任务布置：**联系工厂参观。学生分六组提前准备，收集资料，第一组至第三组可选择钢铁厂、化肥厂、造纸厂等你认为有可行性的企业参加竞标；每组发言结束后，其他组有5分钟提问时间；第四组和第五组是裁判组，从三个竞标项目组中选出中标方，选不选都要陈述理由；如果第四组和第五组意见不一致，第六组有最终裁决权。 **过程及分值：** 1. 各小组按时上交陈述方案（50分）。 2. 小组成员分工合理，自然、社会、环境等区位因素分别由不同小组成员陈述发言（30分）。 3. 每组发言后第四组至第六组有5分钟的提问、答疑、点评时间。每提问一个问题或解答一个问题加分5分。 4. 竞标方案包括厂址选择、可能遇到的问题、解决的办法。 **成果展示：**项目方案和陈述答辩时照片在班内学习园地展示。

复习课——水循环

【课程标准】

运用示意图，说明水循环的过程及其地理意义。

【学习目标】

1. 在水循环示意图中，能够准确注明每个环节的名称。

2. 通过小组合作的形式，运用水循环过程和环节，初步设计“月宫一号”模拟舱内水循环利用的方案。

3. 举例说明人类活动对地表径流、地下径流、蒸发的影响。

【学习过程】

活动一：在下图中，标明每个箭头所代表的环节名称（独立完成，对标矫正）。

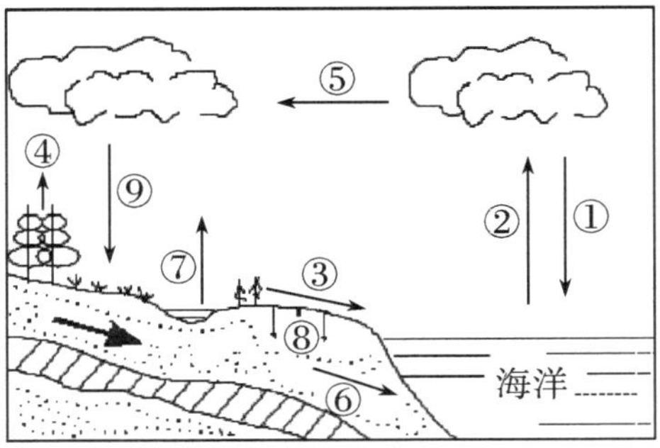

水循环示意图

活动二：观看视频，结合下面的文字资料，完成设计“月宫一号”模拟舱内水循环利用的方案（图形表达、文字介绍均可，力求简洁明了）。

资料：“月宫一号”的全称为空间生命保障人工闭合生态系统实验装置，“月宫一号”将为人类移居月球做准备，密闭的“月宫一号”中会种植粮食、水果和蔬菜，可满足实验人员的全部气体、水和食物需要。

2014年2月3日，三名实验志愿者走入“月宫一号”，开始了长达105天的封舱密闭生活。舱内各类用水共有2.5吨，志愿者们就靠这些水以及循环水生活。舱中植物产生的冷凝水通过净化后，一部分由系统补充微量元素后满足人的生活用水，另一部分与净化后的生活废水一起用于植物栽培。

温馨提示：

1. 先确定方案必备的组成部分。

2. 依次用箭头展示流程，看能否实现水的循环利用。

活动三：理论联系实际，体现学习的价值。

案例：月牙泉日趋干涸（图文资料）

月牙泉位于甘肃省敦煌市境内，高大的鸣沙山环抱着月牙形洼地，泉水在洼地汇聚形成月牙泉（见下图）。月牙泉素以“千年不干”闻名，但近年来日趋干涸。因此，当地政府发出“拯救千年月牙泉”的呼吁。

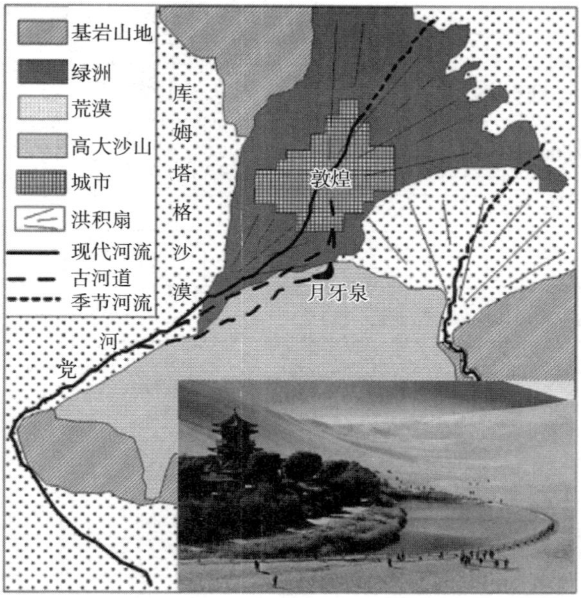

月牙泉

问题：运用水循环原理，推断泉水日趋干涸的原因。

活动四：身边的地理——从百脉泉的保泉行动，看人类活动对水循环环节的干预和影响。

新闻资料：山东省章丘市的百脉泉、眼明泉自2003年9月16日复涌以来，已实现10年连续喷涌。自2013年冬天以来，泉水水位持续下降，甚至停喷。章丘市政府从2014年3月开始到6月底启动“百日保泉”行动，按照“限采、控流、增雨、补源、节水”的“保泉十字”方针，加大保泉力度。思索：

1. 泉水停喷的原因可能有哪些?

2. 上述“保泉”措施通过对水循环的哪些环节施加影响来进行?

附:《水循环》掌握情况自评表

目标达成	没问题	还可以	有疑惑
我能准确说出水循环的各环节			
我能举例说明人类对水循环的影响			
我能为“月宫一号”水循环利用提供建议			
助学单中的习题检测			

实验课——行星的公转周期

在高中地理必修一“地球所处的宇宙环境”的教学中，教材给出了八大行星的距日远近和公转周期的图表。平常的教学过程是：观察图表，记住结论——距太阳越远，公转周期越长。我借鉴美国科学课的做法，与学生一起讨论，提出假设，设计实验，并通过实验验证课本结论。

寻找行星的公转周期与距日远近的关系

物品准备：每组一套实验用品。

小组分工：三人一组，一人实验演示，一人计时，一人记录。

实验设计与实施

1. 问题

距日远近如何影响一颗行星的公转周期?

2. 所用材料

1.5米长的绳子，带孔的橡胶瓶塞，6厘米长的塑料管，计时表，重物挂件（系于绳子的一端）。

3. 实验程序

（1）你认为行星的运转周期跟它的距日远近有什么关系？把你的假设用“如果……那么……”写出来。

（2）为了验证你的假设，你需要制作一个行星模型。操作流程如下：

A. 把绳子的一端穿过橡胶瓶塞系扣，将绳结系紧确保不会松开。

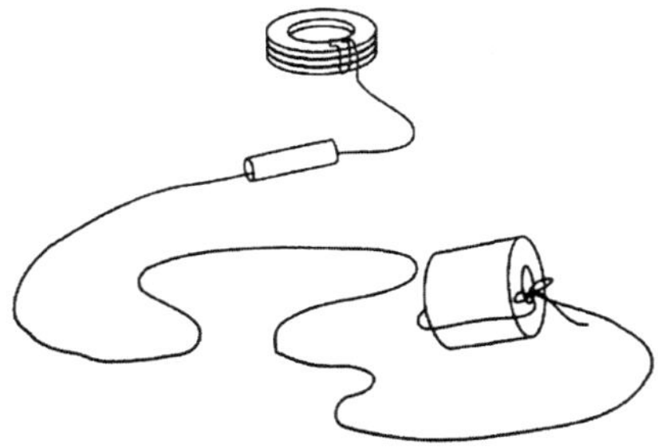

实验用行星模型

B. 将一个塑料管穿在线上，在另一端系上重物挂件，请老师检查是否两端都系好。

C. 一只手拿塑料管并举过头顶，让橡胶瓶塞以恒定的速度运动，划过的圆圈代表行星轨道。（注意：确保旋转的橡胶瓶塞不要伤及人和物，不要让绳子失去控制。）

（3）在你模仿距日远近不同的行星时，请参照表中的数据。

（4）让绳子距橡胶瓶塞20厘米远，转动橡胶瓶塞让它能够飞起来即可。

（5）让你的同伴记下转10圈所用的时间，除以10得出公转周期，记下第一次实验数据。

（6）重复步骤（4）—（5）两次，分别记下第二次和第三次实验结果。把三次结果加起来除以3，得出平均的公转周期。

（7）如果绳子长度增加到40厘米，你认为公转的周期会增长还是缩短？想验证这一点，把绳子拉长至40厘米，重复步骤（4）—（6）。

（8）根据第（7）步所得到的结论，想进一步验证你的假设吗？创造条件尝试吧！把绳子拉长至60厘米，重复步骤（4）—（6）。

教师先演示，接下来各小组分工合作。填写如下实验表格：

距离（厘米）	第一次实验	第二次实验	第三次实验	平均值
20				
40				
60				

4. 分析实验，填写小组实验报告

（1）在你的实验中，什么代表太阳？什么代表行星？

（2）绳子的拉力代表哪种力？

（3）当绳子加长即公转轨道变长时，你感觉绳子的拉力增强了还是减弱了？

（4）观察你的实验数据，当绳长变长即公转轨道变长时，公转周期发生了什么变化？

（5）哪颗行星绕日公转的周期短？距日近的还是远的？用实验来支持你的答案。

（6）请思索：你最初的假设是依据什么提出的？如何通过实验修正你的假设？

5. 下课前上交实验结果

这样的地理课多么有趣！这跟设立科学探究情境，培养学生学科素养的理念是一脉相承的。多年来，我们总忙着“教”学，忙着背结论，忙着赶进度……在年复一年的忙碌中，我们的教育错过了什么？记住结论和演绎论证，两种教育方式，其间究竟有多少不同？

我们千万不要只“教”科学！试一试让学生在“做中学”吧。如设计实验验证地转偏向力的存在，模拟水循环和降水过程，模拟温室效应，模拟海陆热力差异，模拟演示水土流失与土质、降水强度、植被、地面坡度的关系……都能打开地理学习的新局面。

立夏

“斗指东南维为立夏，万物至此皆长大，故名立夏也。”当草木郁郁葱葱，夏姗姗而至，彼时的周朝，帝王要亲率文武百官到郊外“迎夏”，并指令司徒等官去各地勉励农民抓紧耕作。“绿阴铺野换新光，薰风初昼长。小荷贴水点横塘，蝶衣晒粉忙。”从此春逝去，夏登场。白昼越来越长，气温一天天回升，天空明暗不定，万物蓬勃生长。布谷鸟的歌声，漫天飞的柳絮，茉莉花的笑靥，牵牛花的蓝朵，栀子花的香气，簌簌飘落的槐花……使人间变得热闹非凡。谁又能否认，这是个青春迸发的时节呢。

小满

小满者，物至于此小得盈满。“小满天逐热，温风沐麦圆，园中桑树壮，棚里菜瓜甜。”这是个丰收在望的时节，也是人生最好的状态。采采流水，蓬蓬麦田，多风的黄昏，布谷鸟的歌声，小雏菊昏昏欲睡的眼睛……都在不时地撩拨你的心弦。你可曾注意上班路上簌簌泄漏的斑驳的阳光？可曾闻到熏风里草木的清香？可曾看见秋千上嬉戏的小孩？可听见窗外淅淅沥沥的雨落和从什么方向传来的一首动人的曲子？可曾惊叹有序轮回的季节和变幻不定的天气给每天涂上不同的色彩？每天骑着自行车在有着密密梧桐树的汇泉路上滑行，连心跳都变得柔软、舒畅而富有节奏，即使你穿着朴素的衣服从事着辛苦的工作，依然愉快地抑制不住想吹口哨。

教不设限

课，到底该怎么上？是基于教材，基于考试，基于学科特性，基于教师经验，基于学生基础，还是基于资源条件？如何实施跨学科教学，如何设计案例教学，学生思维如何建构，重点章节如何突破，教学情境如何创设，教学环节如何关联、推进、生长，学生思维出现障碍时如何把握教学时机……每一次教学创新和实践都会给你不一样的生命体验，让你在小小的课堂里阅遍万水千山，看尽沧海桑田。

跨学科教学——地球的历史

（本课例为2021年普通高中教学方式变革暨高中课堂创新展示观摩研讨会展示课。授课教师：地理教师王晶华、赵春秀，生物教师王姣。）

【课程标准】

运用地质年代表等资料，简要描述地球的演化过程。

【学习目标】

1. 学会一种学习方法：将今论古，通过地层和化石推测地质演化过程和古地理环境。

2. 形成一种思维方式：综合思维，像科学家一样地去研究，去思考。

【学习过程】

活动一：从菊石“上山”谈起

上图是胡山考察后我校2020级26班同学绘制的板报。在考察中，我们发现了大量菊石化石。我们把山石放入盐酸中，观察现象，从而发现胡山上的岩石大多是石灰岩。

1. 阅读背景资料

菊石：菊石是已灭绝的海生无脊椎动物，最早出现在距今约4亿年前，繁盛于2.25亿年前，6500万年前绝迹。菊石体外有一个硬壳，菊石贝壳的形状多种多样，以旋转形的壳居多。

菊石化石

石灰岩：在浅海的环境下形成，绝大多数石灰岩是生物遗体堆积而成的，有珊瑚石灰岩、介壳石灰岩、藻类石灰岩等。

2. 讨论：遍山的石灰岩和不时出现的菊石化石向我们诉说着什么呢？菊石是怎样到山上来的？你能推测这里曾经是什么样子吗？

活动二：一串脚印引发的悬案

綦江地质公园里发现了一串深深的恐龙的大脚印，这些深深的大脚印展示了什么样的古地理环境？请对结论作出解释。（提示：请从地形、气候、水文、生物、土壤等方面推测，说明判断理由。）

恐龙脚印化石

活动三：地球历史的书页——沉积岩的形成

1. 动画演示：观看动画，你发现了什么？

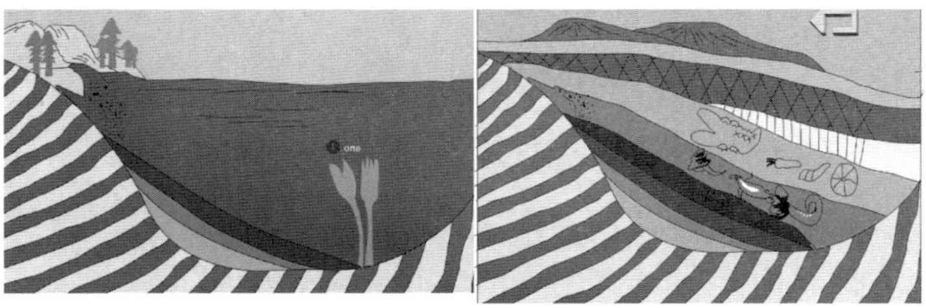

沉积岩的形成示意图

（1）高处侵蚀，低处________。

（2）一般来说，老岩层在________，新岩层在________。

（3）越新的岩层，化石的结构越________，进化程度越________。

地层：具有时间顺序的层状岩石。

化石：岩石形成过程中保存下来的古生物遗体或遗迹。

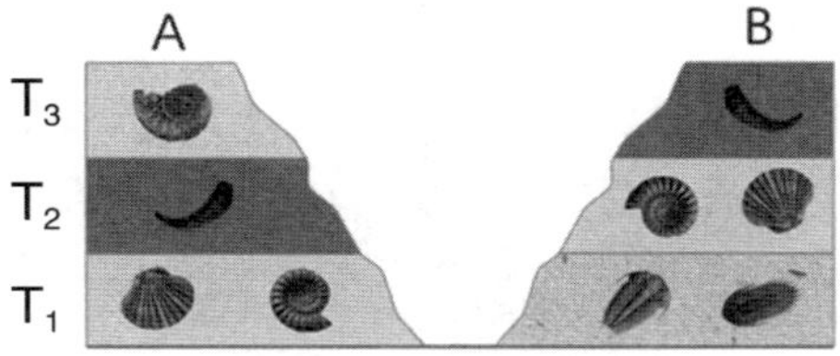

地层和化石分布示意图

2. 观察推理：观察图中A、B两地的地层，B地缺失了哪个时代的地层？缺失的原因可能是什么？

活动四：地球的演化历程

1. 对以下六种生物在进化中出现的先后顺序进行排序，并说出依据。

三叶虫	**邓氏鱼**	**棘龙**
特点：无脊椎动物 喜好：在海底爬行、在海面漂浮，佛系捕食 宣言：听说过三叶虫时代么？那是我的天下	特点：咬合力最为巨大的史前鱼类 喜好：吃肉 宣言：我一张嘴，其他鱼就吓得主动游进我嘴里	特点：体型巨大，吨位特重，陆地霸主，爬行动物 喜好：爱打架，爱吃肉 宣言：别的不说，我能打赢霸王龙

桑氏伪齿鸟
特点：天空之王，史前最大的鸟类
喜好：一生翱翔只为自由和美食
宣言：感谢恐龙的灭绝，食物链顶端的感觉还不错

少女露西
特点：第一个有名字的古猿
喜好：生活所迫，学着直立行走试试
宣言：哺乳动物中最聪明的生物

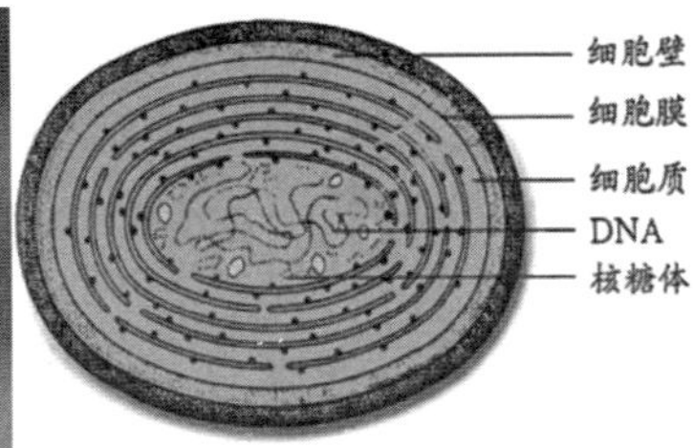

蓝细菌
特点：在海洋中大爆发过的单细胞原核生物
喜好：追光者，造氧机
宣言：前面的大多都挂了，我还在，请叫我“活化石”

（1）你的排序为：

（2）你的依据是：

2. 追溯地球的演化历程和生物的进化史，分析生物进化的规律。请从以下三个方面进行总结。

生物结构：从________到________。

生活环境：从________到________。

进化程度：从________到________。

3. 依据生物进化规律，你能按照植物出现的先后顺序对以下植物进行排序吗？尝试一下吧！

① 藻类植物，主要生活在水中，无性繁殖。

② 被子植物，种子有种皮和果皮包被，绿色开花植物。

③ 裸子植物，没有果皮，种子是裸露的，有性繁殖。

④ 蕨类植物，大多生活在阴暗潮湿的环境里，孢子繁殖。

⑤ 苔藓植物，生活在阴暗潮湿的环境里，无根，只有假根。

你的排序为：

【海报设计】

请选择本节课中你感兴趣的某一方面，用你喜欢的方式，制作一期地球历史海报。形式不限，内容不限。

附一：王晶华、赵春秀老师谈设计思路

1. 无情境不教学

《中国高考评价体系》中规定了高考的评价载体——情境。无情境不教学，无情境不命题，无情境不考试。本节课从师生实践性学习的真实场景开始：胡山上发现菊石化石，通过实验验证胡山上的岩石是石灰岩。从真实情境开始的由地层和化石推测古地理环境，就是本节课的核心，并贯穿教学始终！

2. 地理核心素养的落地

地理核心素养包括四大方面：地理实践力、区域认知、综合思维、人地协调观，这在本节课的设计中都有所体现。

地理实践力：开始的情境，呈现学生在地理野外实践的场景和发现的问题。

区域认知：从情境创设到每一个材料、每一张图片、每一种地层和化石的引入，都来自真实的区域，在不知不觉中学生对区域相关内容的构建会越来越清晰。

综合思维：由一串恐龙脚印引发的悬案，从地形、气候、水文、生物、土壤五大方面推测古地理环境。综合思维包括区域的多个要素，时间的演化也应包含其中。由今天推测昨天，由今天预测明天，是本节课的一条主线。地球历史内容抽象，但通过观察生活、与生活对接，化抽象为生动，让学生相信了科学，理解了科学研究的方法。

人地协调观：由奇虾的历史、恐龙的灭绝，再到我们人类的发展……让学生深刻认识到地球或许不需要人类，而人类不能离开地球，我们必须走一条可持续发展的道路。

3. 跨学科融合，改善课堂生态

本节课由三位老师来上，三位老师风格不同、气场不同，学生也感受到不同老师的魅力，一节课下来始终保持着激情，时刻对课堂充满期待。

学科融合，带来自由呼吸的课堂，带来新的课堂生态，学生的思维也变得开阔，看待问题的视角不再单一。

附二：生物老师王姣反思备课过程

本节课是高中地理必修一《地球的历史》的教学，旨在引导学生们学会通过化石和地层分析古地理环境，并了解生物演化史。生物学科的必修二中，第六章第一节《生物有共同祖先的证据》和第四节《协同进化与生物多样性的形成》，也是学习生物与环境的协同进化。因此，在本节课所涉及的知识中，地理学科和生物学科有很大的相通点。在授课的过程中，我更是感受到了学科交叉与融合的魅力。用地理的思维去学生物，逻辑更加严密，思维更加拓展；用生物的思维去学地理，地质史中不同的年代也变得更加具象和生动。

与王晶华老师、赵春秀老师共同备课，我们采用“假说－演绎法”的探究方法，整个流程分为四个环节：提出问题—做出假设—验证假设—得出结论。

首先，提出问题。在介绍了地质年代表之后，我提出问题：以下六种生物，代表了六大类型的生物，它们在当时所处的年代都称王称霸，你能根据它们的简介，对其进化的先后顺序进行排序吗？

其次，做出假设。我用自我简介的形式，幽默诙谐地介绍了这六种生物，学生依据简介，进行分析、假设、排序后，学生代表在黑板上用教具排出顺序。

再次，验证假设。我依次给出了文字信息和化石信息，学生分析、提炼信息，验证假设，对进化的先后顺序进行修正。

最后，得出结论。生物的进化规律是从简单到复杂、从水生到陆生、从低级到高级的。到这里，学生完成了对基础知识的建构。

在此基础上，我们应用了思维型课堂的“迁移拓思”的方法，在前面学习了动物演化历程的基础上，提供给学生藻类植物、蕨类植物、苔藓植物、裸子植物和被子植物的相关信息，让学生依据所学知识和相关信息，进行植物进化历程的排序。

接下来，我们提出问题：若将地球46亿年的历史压缩为一天24小时，地球诞生于零点，人类出现在什么时间？人类的出现给地球带来了什么？

在本节课的最后，我们给学生布置了海报设计作业。希望这样的课堂，能让学生们真的有所思、有所学、有所悟，做一个会学习、会应用、会生活的人。

大道至简——“3S”教学

科学技术的发展促进了地理学的研究技术与方法走向现代化，突破单一定性描述，走向定性与定量研究相结合的转变。以全球卫星导航系统（Global Navigation Satellite System，GNSS）、遥感（Remote Sensing，RS）、地理信息系统（Geographic Information System，GIS）为主的“3S”技术已经贯穿于地理学问题解决的各个环节，实现了地理现象的可表达、可观测、可计算与可服务。

记得参加国家心理咨询师培训时，不管是基础心理学、变态心理学还是社会心理学，专家、教授们的课堂妙趣横生，让我们在趣味盎然中顿悟和掌握相关内容。厚重的课本，不再面目可憎。可是，一位年轻博士的课，却因其专业的术语和讲解，让我们实实在在地有了“差生”的感受。是我们学习力太弱，还是老师太过专业？我认为是后者，是那位年轻老师还没有智慧到让他所教的东西深入浅出。

同样，“3S”的高中课堂，惧怕“伪专业杀手”的同时，也会败在“专业杀手”的手下。

1. 视频有感：因为专业，所以精彩；精彩，不仅仅因为专业

在2009年山东省教师全员远程研修视频课上，教材新加的“3S”教学是老师们关注的重点和难点，来自北京的老师给我们上了一节很好的示范课。这一讲的视频中，课的精彩之处在于她把专业的东西处理得生动、浅显。不管是用幻灯片叠加空间信息启发学生感悟GIS（Geographical Information System，地理信息系统），还是通过图层叠加分析让学生体会GIS的模拟、分析、查询功能，都设计得恰如其分。设计切入点和难度因适合学生的认知而精彩。

可是这节课备课的强大资源支撑，是常态的课堂无法实现的。高校专家、教师的技术支持，高手云集的集体备课，让人感叹这节课真的是好不容易！

我们不是专家，也没有强大的技术支持。但是，课标的要求也很简单明确。在这个时代，“3S”已经深入社会生活的方方面面，只要把教学对接生活，“3S”课堂会很精彩。但是，千万别扮演“专业杀手”！

2. 我们的课堂：无需那般专业，同样可以精彩

谈谈我不专业的“3S”课堂。

对于“3S”，学生本来就有神秘感，老师如果教得太专业，容易把学生教糊涂了。不要用专业讲解扼杀学生的学习兴趣！注重整体教学和感悟生活，“3S”的学习会很精彩。

（1）整体感知“3S”

GNSS：全球卫星导航系统（Global Navigation Satellite System）

就是一个点的信息——经度、纬度、高度、速度。

RS：遥感（Remote Sensing）

遥感相当于“千里眼”，采集的是面的信息。站在高处感知类型不同、面积不同的各种地物。它在云端之上“看”云雨的范围，“看”到了道路，“看”到了森林，“看”到了喜马拉雅山迎风坡和背风坡植被带的不同，“看”到了洪水蔓延的范围，“看”到了农田遭受旱灾的面积，“看”到了西南地区大大小小的堰塞湖……这类视觉的延伸，就是遥感的魅力。

GIS：地理信息系统（Geographic Information System）

从某个角度来讲，GIS其实就是台处理地理信息的计算机，它处理的数据来自GNSS和RS等。处理这些信息是为了指导人类的行为，为应用提供依据。整合、模拟、分析、应用、查询……它能做的事太多了。

如果不先让学生整体认知“3S”，一上来就讲几颗卫星定位，讲遥感卫星怎么工作，学生怎能不糊涂？那么专业的东西，很多老师也不甚清楚，又怎么能给学生讲明白？

（2）回归生活，真情演绎

整体感知了“3S”，接下来，要让我们的学生感悟生活，了解“3S”在生产、生活中的用途。我给学生展示遥感的卫星云图，让学生了解遥感在天气预报中的作用；我们探讨遥感在抗灾防灾中的作用，在堰塞湖灾害防御中显身手；学生们还谈到了RS提供的信息使我们的社会变得诚实，过去一些弄虚作假的行为没有了市场……你不得不佩服学生思维的开阔。

我们谈出租车上的GNSS，谈手机上的GNSS，谈战争中因采用GNSS导航带来的可怕轰炸，谈关于救援的奇闻逸事，谈GNSS在雅鲁藏布江大峡谷的测量中显神威……

至于GIS，人类的数字化生活，时刻离不开它。它通过处理地理信息，进行计算、模拟、预测、查询，来指导人类的行为，为我们提供科学决策的依据。它把GNSS和RS提供的信息和人类的应用联系了起来，一切应用层面的东西，都离不开它。

"3S"课堂很精彩，因为它贴近时代、贴近生活。

（3）观看视频，畅想未来

我在网上搜寻了有关视频，让学生了解数字地球如何改变我们的学习方式、家居生活和娱乐方式。在观看的过程中，我看到每个学生的眼睛都是发着光的。

（4）感悟生活，项目展示

我布置了一个项目，要求学生分小组进行项目展示。项目展示要求：故事情境10分，全球定位系统的使用20分，遥感的使用20分，地理信息系统的使用20分，小组分工10分，项目吸引力20分。各小组的展示，让人眼界大开。

3. 课堂教学的"GNSS"：找准自己的位置

我们是高中教师，高中教学就是基础和启蒙，是用教学的艺术和对学生需求的尊重，唤醒学生心中沉睡的"小宇宙"，激发学生的好奇心和求知欲。

我们不知道计算机、手机怎么造出来的，也不会编程，几乎不可能成为这方面的专家。即使你是这方面的专家，也别弄得太深奥。如果有学生对这部分知识有浓厚的兴趣，去主动地深层次探索，那也是精彩课堂之外的惊喜。

遵循学生的认知需求，是教师在课堂上对学生最大的尊重，过分专业而缺乏教育艺术的讲解，很可能会扼杀学生的兴趣和思维。

目标叙写——洋流

（本课例为2009年山东省远程研修课程专家推荐三维目标叙写课例）

海水的运动——洋流

【课程标准】

运用世界洋流分布图，说明世界洋流的分布规律，并举例说明洋流对地理环境和人类活动的影响。

知识与技能

1. 观察世界洋流图，归纳世界洋流分布的一般规律，探究形成原因。

2. 根据洋流的分布推测沿岸气候特点，理解洋流对地理环境的影响。

3. 通过对厄尔尼诺案例的分析，说明地理要素的关联性和地理环境的整体性。

过程与方法

1. 课始音画引领：郑和下西洋，“黑三角贸易”……创设问题情境。例如，郑和七次下西洋，为什么多选在冬季出发夏季返回?

2. 探究点一：师生共同推导绘制洋流模式图，通过对世界洋流分布的探究，尝试发现地理问题。

3. 探究点二：变换场景，精彩生成。A. 依据洋流分布推测沿岸环境，展示景观图，与推理对照，联系实际说明洋流对气候的影响。B. 观察世界渔场的分布图，探讨渔场形成的条件，分析渔场分布与洋流的关系。C. 通过播放电影《泰坦尼克号》片段，探讨寒暖流交汇、洋流挟带冰山等对大洋航行的影响。

4. 探究点三：通过观看有关厄尔尼诺现象的视频，让学生体会并描述海水温度、大气运动、气候、景观、人类活动各要素之间的关联性，理解地理环境的整体性，养成良好的地理思维习惯。

5. 课后作业：设计依靠风力和洋流乘帆船环球旅行航线。把学习从课堂延伸到课外，为进一步拓展知识开辟新的空间。

情感、态度与价值观

1. 通过情境创设，激发学生探究地理问题的兴趣和热情。

2. 把美学引入课堂，引发学生对地理环境的关注，提高审美情趣。

案例教学——农业区位

（本课例为山东省教师远程研修国家课程专家推荐作业）

别样贡米香——农业区位因素变化探究报告

展示章丘明水北部湛汪村土地利用方式变化图文资料。

问题一：从湛汪村三个阶段土地利用资料中，你发现该村土地利用方式发生了哪些变化？

学生阅读图文资料，得出结论。

历代贡米：明水香稻

结论：第一阶段（1980年前），主要种水稻，明水香米是历代“贡米”。第二阶段（1990年代中后期以来），蔬菜种植面积不断扩大，也出现了不少鱼塘。现在（第三阶段），盖起了不少公寓，有一区域经过填平、垫高后成了汽车销售公司，新的汽车站也搬到这里，农民出租土地或盖房出租的越来越多，几家饭店在稻田中“拔地而起”。

问题二：第一阶段，湛汪村种植香稻的区位条件有哪些？

学生分析：夏季高温多雨，雨热同期，气候适宜；地形平坦；绣江河流过，水源充足；人口密集，劳动力资源丰富；生产历史悠久；明水的泉水水质好，可能因为含有微量元素，或是含有哪一类酯（这些有待考证），因此稻米特别香（“一株开花满坡香，一家煮饭四邻香”）。

问题三：第二阶段，湛汪村农民的生产方式发生了什么变化？试分析这一阶段农业区位因素的变化及产生这种变化的原因。

变化：有些农户由种水稻转向种蔬菜和养鱼。

原因：随着城市化推进，农业生产转向为城镇提供农副产品，市场需求起重要作用，特别是生产蔬菜的利润高于粮食生产，农民种香稻的积极性不高了。

问题四：现在出现了什么土地利用方式？为什么？对这种现象你怎么看？

现在的情况是：许多农民出租土地，或建房出租；粮食基本不种了，蔬菜也不种了，公寓、饭店多了。

原因：由于城镇化，劳动力和土地价格上涨，农业生产成本大大提高；出租房屋和土地可以带来更多的收入；明水人口急剧增多，建设用地需求不断扩大。

对这种现象的看法：农民富起来了。

普遍担忧：明水香稻面临绝迹。

问题五：如何拯救明水香稻？

建议如下：政府干预，补贴农民，严禁城市建设用地北扩，还有同学幽默地提出建立自然保护区……所有学生对拯救明水香稻表现出极大的关注。

（备注）善于倾听的特邀嘉宾：教师不可能是无价值倾向的中立

者，理应成为教学对话中的价值引导者。可这节课，我只是提供了任务单和相关资料，大部分时间都是学生们讨论发言，我只是个善于倾听的特邀嘉宾。因为课堂，更是学生的。

附：我看案例教学

精彩的案例教学要“有意思”“有意义”“无退路”。

案例的选取要“有意思”和“有意义”。“有意义”能给学生正确的价值引导，但首先得“有意思”。只有让学生感兴趣，引起学生关注，这样的案例才能调动起学生探究的主动性和积极性。

生活处处皆文章，案例可以来自生活，也可以来自新闻奇事。如在《农业区位因素》的教学中，我选取了明水湛汪村土地利用方式的变化作为教学案例；在《地表形态对聚落及交通线路分布的影响》教学中，选取了青藏铁路为案例，都是“有意思”又“有意义”的。

好的案例要让学生“无退路”，让他们知道这些问题不像考试答案那样非对即错，生活中很多问题没有统一答案。他们在面对这些问题时，即使从各个方面去思考，也很难做出完美的选择，就像他们若干年后踏上社会经常面对的事情。

例如，在明水应该种香稻还是出租土地的问题上，学生从城市居民、政府官员、农民、税务部门、土地管理部门等角度，换位思考、分析……最后没有定论。可是这个问题，他们会一直思考下去。这才是最重要的。

给他权利，让他自己去选择；给他问题，让他自己找答案；给他空间，让他自己去成长。

思维工具开发——大气圈

（本课例为2016年全国目标教学30周年学术研讨暨课堂成果展示会议展示课）

大气圈与天气、气候

【课程标准】

1. 运用图表等资料，说明大气的组成和垂直分层，以及其与生产和生活的联系。

2. 运用示意图，说明大气受热过程，并解释相关现象。

【学习目标】

1. 能够说出大气各成分的主要作用，分析降水形成过程，解释为什么对流层天气现象复杂多变而平流层晴空万里。

2. 根据有关资料和生活经验阐述说明大气的受热过程。

3. 能运用大气保温作用原理分析全球变暖、温室效应等现象。

【课堂探秘】

主题一：大气圈的组成与结构

2016年10月17日上午7点30分，神舟十一号载人飞船一飞冲天，进入预定轨道。

1. 读图观察

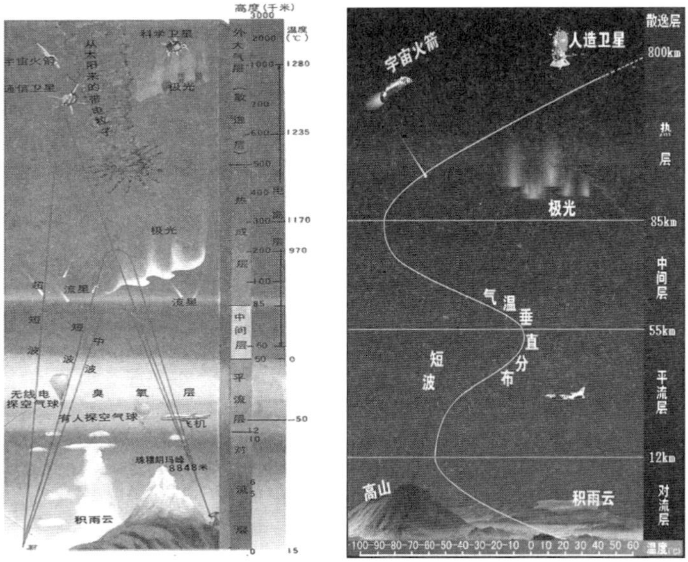

大气的垂直分层示意图（中纬度地区）

（1）飞船在升空过程中要穿过大气的哪些层次?

（2）若神舟十一号载人飞船升空时同步测量外界温度，我们将会看到怎样的温度变化?

我们可能没有机会像景海鹏、陈冬等宇航员那样亲历太空生活，但今天我们可以像科学家那样去探索大气的奥秘。

知识储备：低层大气的组成。

低层大气主要包括干洁空气，还有少量的水汽、固体杂质。

干洁空气	作用
氮	生物体的基本成分
氧	生物维持生命活动所必需
二氧化碳	植物光合作用的原料，对地面有保温作用
臭氧	能吸收太阳紫外线，被誉为“地球生命的保护伞”

关注：水汽和固体杂质是成云致雨的必要条件。

2. 降水形成的条件

读“饱和空气随气温变化图”，讨论：

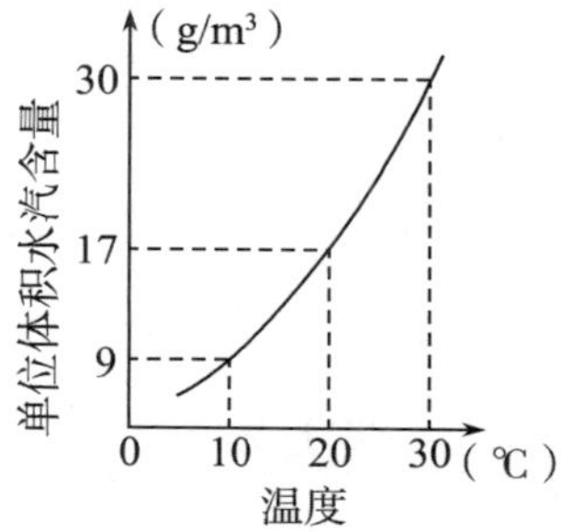

（1）从图中你能发现降水形成的条件吗?

（2）随着天气变冷，北方很多城市雾霾越来越严重，你能对此作出解释吗?

3. 依据降水的形成原理分析：为什么对流层有云雾雨雪等复杂多变的天气现象，平流层总是万里晴空？阅读课本及插图，依据降水的形成条件，小组讨论并展示。

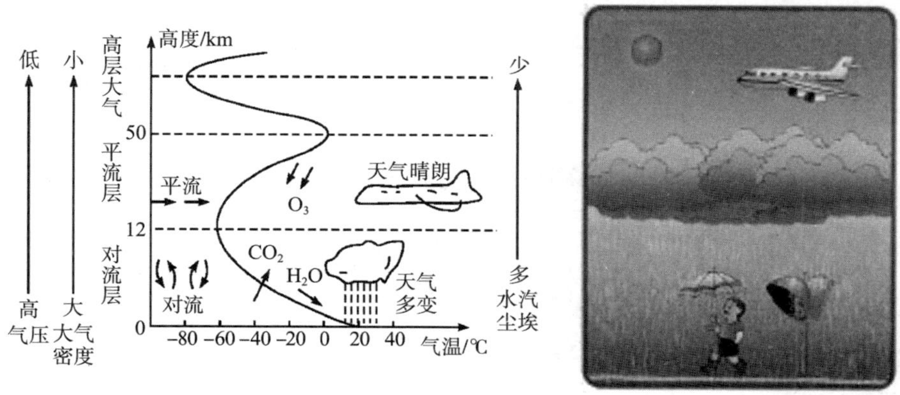

对流层、平流层天气图

思维工具——“H”图解

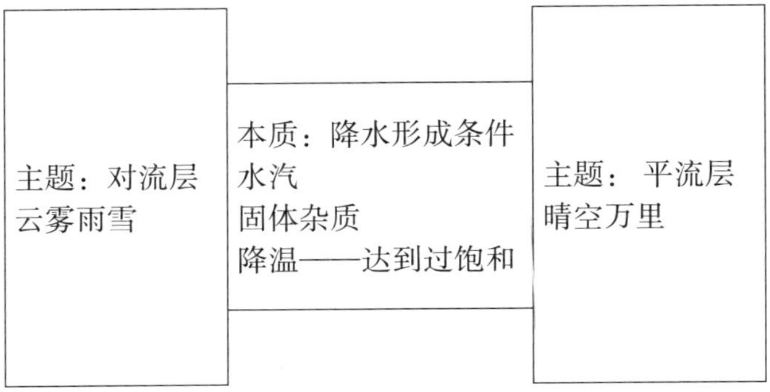

通过以上分析，我们发现对流层的天气变化、运动状况与该层的温度垂直递减直接相关。“又恐琼楼玉宇，高处不胜寒”，接下来，让我们一起去揭开对流层大气的热状况之谜吧。

主题二：大气的受热过程

1. 知识铺垫

能量如何传递?

我们周围的一切物体都在以电磁波的形式向宇宙空间放射能量。物体温度愈高，辐射的最大能量部分的波长愈短；温度愈低，波长愈长。

只有波长在0.4微米～0.76微米之间的光，人眼才能看见，称为可见光。波长大于0.76微米的红外线和小于0.4微米的紫外线人眼都看不到。

太阳表面温度6000 k（5726.85摄氏度），太阳辐射的波长范围是0.15微米～4微米，能量最强部分主要集中在可见光区。

判断：地面主要辐射________线，大气主要辐射________线。相对于地面辐射和大气辐射，太阳辐射的波长较短还是较长？

已知事实：

（1）太阳辐射中的紫外线大部分被平流层的臭氧吸收。

（2）太阳辐射中的红外线被对流层中的水汽和二氧化碳大量吸收。

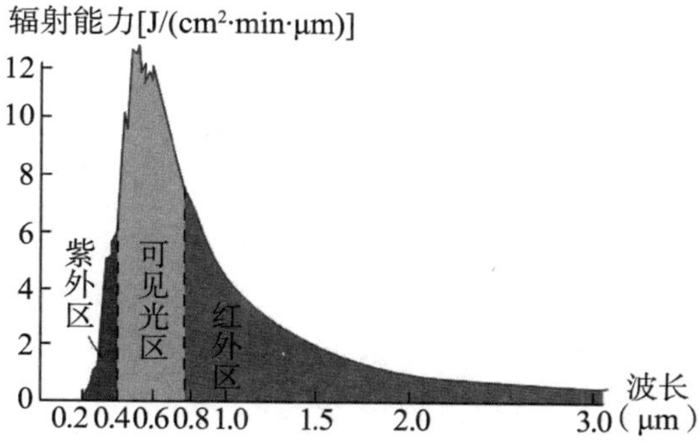

太阳辐射波长分布图

（3）可见光很少被大气吸收。

2. 思维迷宫

如果对流层大气的热量直接来源于太阳，该层的垂直气温应该如何变化？

如果主要来自太阳不成立，你认为对流层大气的热量最可能来自哪里？你能为你的结论作出解释吗？

提示：让你的解释和你的假设可以相互印证。

3. 大气逆辐射

大气增温的同时，也向外辐射热量。大气辐射的方向既有向上的，也有向下的。大气辐射中向下的部分，因与地面辐射相反，被称为大气逆辐射。请分析回答：

大气逆辐射的存在，对地面有何作用？如果说“大气保温作用”

就是指大气逆辐射，你认为合适吗？

总结：大气的受热过程

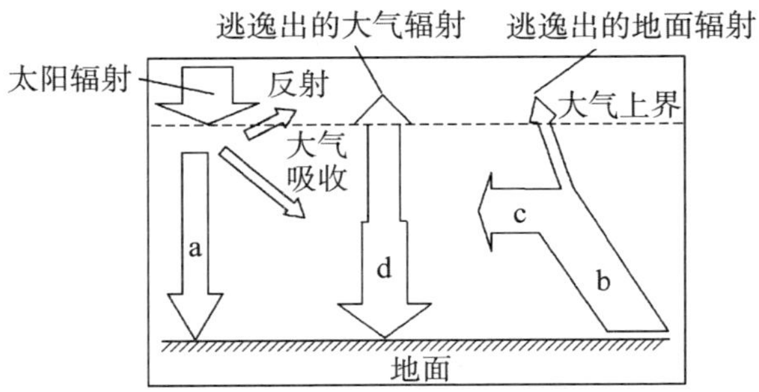

大气的受热过程示意图

（1）太阳辐射被________吸收。

（2）地面辐射被________吸收。

（3）大气通过________把热量还给地面。

一方面大气吸收地面辐射，把地面辐射散失的热量保存下来；另一方面又通过大气逆辐射把热量还给地面，补充了地面辐射散失的热量，对地面起到了保温作用。

主题三：走进生活，迁移应用

1. 走进生活

寒冬季节，室外万木凋零，为什么塑料大棚内却绿意盎然呢？

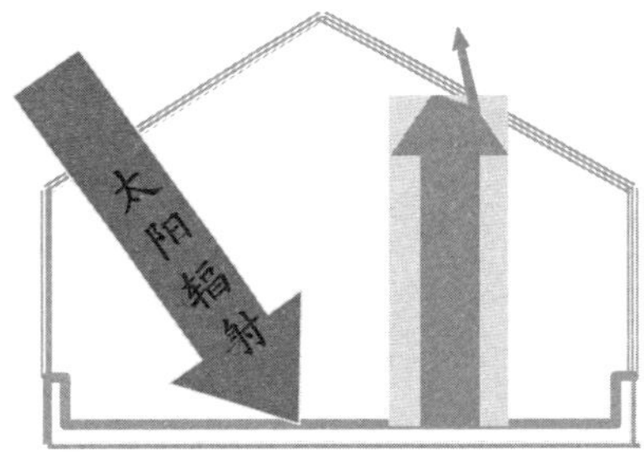

温室效应示意图

2. 迁移应用

为什么二氧化碳增加会加剧全球变暖呢？你能用大气受热过程原理来解释吗？

3. 谈古论今

《齐民要术》中有这样一段描述：“凡五果，花盛时遭霜，则无子。天雨新晴，北风寒彻，是夜必霜。此时，放火作煴（煴，有烟的微火），少得烟气，则免于霜矣。”

依据大气受热过程原理讨论分析：“放火作煴，少得烟气，则免于霜矣”的原因是什么？

主题四：特别关注

1. 2016年10月17日早上7点30分，我国神舟十一号载人飞船在酒泉卫星发射中心成功发射升空。飞船升空过程中如何适应温度变化，降低有害辐射的伤害，设计飞行员着装材料，营造太空舱内大气环境……请同学们课后就你感兴趣的问题，查阅有关资料，写一篇小文章贴在班内进行交流。

2. 雾霾，关系到我们每一个北方人秋冬季节的生活。请课后查阅有关资料，发出你的声音。

3. “阳伞效应”与“温室效应”

支持“阳伞效应”的观点：1880年至1970年，北半球人为烟尘已增加了3倍；温度升高能促进蒸发，增加云量，减少太阳辐射到达地面的总量。实例：海湾战争的黑烟使当年全球气温明显下降……

支持“温室效应”的观点：更多二氧化碳的排放将导致全球变暖；许多气象站的资料表明全球在变暖。实例：近百年全球海平面已经上升了10厘米～20厘米……

请课下搜集材料，说出你的观点或想法。

附：课后反思

该课例设计思路主要基于“三个尊重”，构建符合学生需求的课堂。

1. 尊重学生已有的生活经验

把知识链接到生活，课堂才有生命力。而生活中的错觉造成了学生学习的障碍，要让学生通过分析解开谜团。比如：下雨之前云层越来越厚，看起来是云层在下降，实际是云层不断上升冷却的过程。

2. 尊重学生的认知图谱

本节课通过设置台阶，让学生自己分析推导出结论，扫清了学生的思维障碍。更重要的是，跨学科整合了降水的形成条件、辐射交换等背景知识，找到核心突破点，打通了学生本节课和后续章节学习的“任督二脉”。

3. 尊重学生的好奇心和探究欲望

不管是对神舟十一号载人飞船穿越大气各层遇到的温度变化、宇宙射线等的观察，还是对降水条件与各层天气差异的探究，还是对大气的受热过程、雾霾问题的研究，都能引领学生关注、思考生活，爱上地理课和这个充满魅力的世界。

不要“教”科学——密度流

我一直固执地认为，教学中那些美好的景致并不一定是用浓墨重彩描绘而成的，它也许只是一个小细节，一旦你触动它的密码，它便潮水般地向你涌来，为你打开一片神奇的天地。大处着眼，小处着手，多些智慧的小点子，你的课堂就会异彩纷呈。

在《海水的运动》的教学中，我选取二战中德国潜艇利用海水运动规律“悄然”进出直布罗陀海峡，使盟军遭受重创的案例讲解密度流。为了验证其真实性，我和学生去化学实验室设计并准备了一个实验。那个初冬的下午，实验成功的喜悦和斜照进老实验室里斑驳的阳光，依然在记忆中闪亮。

实验操作如下：

取两个启普发生器（启普发生器侧面上下各有一个口），取下其球形漏斗。用单孔塞、橡胶管和玻璃导管将上面的两个出口相连，再用同样的方法将下面的两个出口相连，在橡胶管上夹上止水夹。

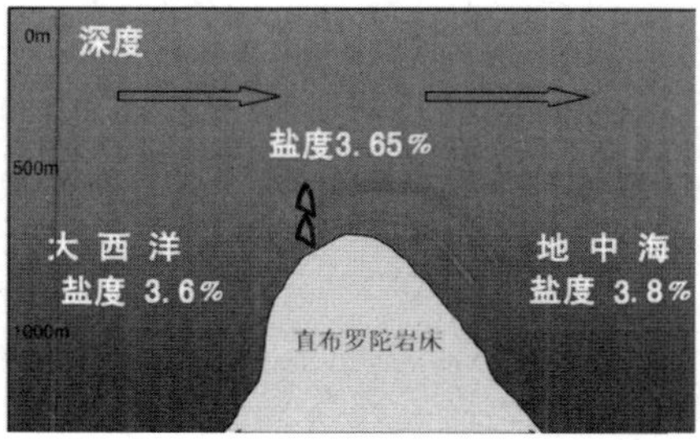

密度流示意图

在两个启普发生器中注满水。一个启普发生器放少许盐，用红墨水染色，另一个多放盐，用蓝墨水染色。打开止水夹，很快清晰地看到上面的导管中充满了红色的水，下面的导管中充满了蓝色的水，从而验证了表层海水由盐度低的海区流向盐度高的海区、深层海水由盐度高的海区流向盐度低的海区的结论。

实验结果出现时，学生忍不住欢呼起来！因为那是他们第一次看到演示实验出现在地理课上，他们也因此相信了密度流的存在。

接下来我们课堂讨论：为什么底层海水由盐度高的海区流向盐度低的海区？为什么越往深层，密度流流动的速度越快、越明显？

各小组先独立思考，接下来热烈地讨论了起来。他们质疑推翻了我从教学参考书上搬过来的结论：因为蒸发量和降水量不同，导致两海区海水的密度不同，海平面高低不同，从而表层海水从大西洋流入地中海，底层海水由地中海流入大西洋。他们认为最根本的原因是两海区海水的密度不同，越往底层，两边海水的压差越大，导致水的交换和流动越快，最终把大西洋这边的水“拱”起来一点，进而底层水和表层水反向流动，越往底层，反向流动越快。不管他们的结论是不是跟物理学专家一致，反正到了最后，我这个“平等中的首席”举手投降了，学生的解释更加有理有据，我被他们说服了！

学生们还讨论起了如何改善这个实验。后来我们设计并演示了一个实验，不是用启普发生器，而是用一个玻璃水箱和一块隔板……我们称之为“静水深流”实验。当学生抽开隔板的一瞬间，经过染色的咸淡不同的水体瞬间随深度不同“入侵”范围各异，越往底部流速越快，验证了我们的推论。

通过实验验证和跨学科的分析、争论，学生对这部分知识有了更深层次的理解，对科学的学习也有了新的认识，这才是真正的学习。如果只是照本宣科，让学生死记硬背，虽然能高效率地达到短期应试的目的，却失去了一次真正的学习机会，更不利于学生的思维和能力培养。

多年以后，依然有学生记得那节课、那个实验。我的学生回忆起他们的地理课堂，谈的都是这些课堂中不一样的小细节……在斑驳的流年里，正是这些小小的瞬间，成了他们高中时代美好学习生活的纪念，也成了他们未来生活中温暖的定格。

芒种

麦田金黄，粽叶飘香，太阳高高，白昼长长。北方收麦，南方插秧，各有各的忙。随着气温的显著升高，太平洋上来的夏季风也加快了脚步，受准静止锋的影响，江淮地区开始进入阴雨连绵的梅雨季节。空气中弥漫着湿润的泥土和植物的香气，园子里的草被初夏的风吹得像梦中一样嫩绿，湿了翅膀的小虫在坠着雨露的草叶上像喝醉了酒似地爬行，蝴蝶像会飞的花朵，捉对儿起舞，水边清香的阴影里，有不知名的花烂漫开去……“时雨及芒种，四野皆插秧。家家麦饭美，处处菱歌长。”此时，长城内外、大江南北，一片繁茂。

夏至

“日北至，日长之至，日影短至，故曰夏至。”白昼最长，太阳最高，阳气最盛，这是一年中最明媚的一天。

那一幕发生在这个城市最美的季节，蔚蓝的天空敞开远景，校园的池塘里有荷花摇曳，绿茸茸的草在微风中缓缓生长，小河边盛开着不知名的花朵。记得我正匆匆回眸，你淡淡的微笑是我一生追求的定格。那时生活里有贝多芬和莫扎特，有普希金和泰戈尔……若干年后，当我骑着脚踏车从门口滑过，在忽然飘来的木芙蓉的馨香里，所有青春的孤寂与伤感，无由地涌上心头。让我终于明白，所有的时刻，都已错过，不管我多么惋惜与不舍。“开始的开始，是我们唱歌；最后的最后，是我们在走。最亲爱的你，曾是梦中的风景，说梦醒后你会去，我相信……”是谁，在祭奠那些古老岁月中的少年情怀？

第三乐章　实践性学习之路

教育的谜题之一是让知识保持鲜活，避免知识的惰性化，同时根除科目之间毫无关联的状态。破解的密码就是——对接生活的情境，根植生活的土壤，融入生活的智慧。

缘起

多姿多彩的生活才是最好的教学资源。在多年教学中我发现，有些学生学习出现困难的内容并不是因为知识本身难度过大，而是由于学生缺少生活经验的支撑，无法实现知识学习的“同化”和“顺应”。缺失了生活经验的地理课堂是多么没有底气和灵气，甚至让人啼笑皆非！2008年那节地理课上的尴尬，引发了我们的地理实践性学习之旅。

胡山落鹰石

谁悄悄蒙上了你的眼睛

这是一节趣味盎然的地理课，书上有结论：地球在公转过程中，每年七月初，运行到远日点；每年一月初，运行到近日点。

如果单纯从应试角度，我完全可以做出这种要求：将结论记住。但是，我并不想这样做，我更想听到学生质疑的声音。果真，结论一出，质疑的声音就来了：为什么地球运行到近日点时，我们这儿是隆冬，远日点时却是盛夏？

我为此感到惊喜。早在《两小儿辩日》中就有类似的疑问："日出时沧沧凉凉，及至日中如探汤，此不为近者热而远者凉乎？"

大家各抒己见，谈到一天之中的气温变化、一年之中的季节变化主要与太阳高度角有关，与日地距离的微小改变关系不大。通过讨论，问题得以解决，大家对结论的理解也更加透彻。

本以为理解并记住了该结论，学生作答题目应该没问题了，没想到，新的问题来了。这次的问题出现在生活常识的严重缺失上。

1. 冬天种棉花——一道选择题对课堂学习方式的嘲弄

题目：地球运行到远日点时，下列说法正确的是（　　）。

A. 北京昼短夜长

B. 华北平原正种小麦

C. 青岛海滨浴场挤满了游泳的人

D. 华北平原上正在种棉花

该题目的正确答案是C，但是让我意外的是，居然有不少学生选B、D，由此反映出学生生活常识极度缺乏。不管种棉花的季节还是种小麦的季节，答春、夏、秋、冬的竟然都有。

第一种答案——冬季种棉花

我的点评：天上飘雪花，地上种棉花。

第二种答案——秋季种棉花

我的点评：天上飘雪花，地上开棉花！

第三种答案——棉花夏种秋收

我的点评：棉花也能像猪一样“三月肥”？

（学生笑，我却笑不起来）

最终达成共识：棉花春种秋收。

这个问题解决了，却让我不得不思考更多问题：我们的学生究竟该怎样学习？我们应该给予孩子们什么样的教育？

2. 只知课本，不见生活——一幅图让学生纷纷掉入“陷阱”

接下来学习太阳高度角，不少学生不知道东西南北，不知道山的阳坡，不知道正午太阳在正南方……他们可都是成绩拔尖、一点就通的孩子啊！

再看一题：

读华北某地地形示意图，实际调查发现乙坡植物生长比甲坡好，其原因为乙坡的（　　）。

A. 光照较强，辐射收入多

B. 蒸发较少，土壤水分条件较好

C. 气温较高，且日变化大

D. 降水较多，水源充足

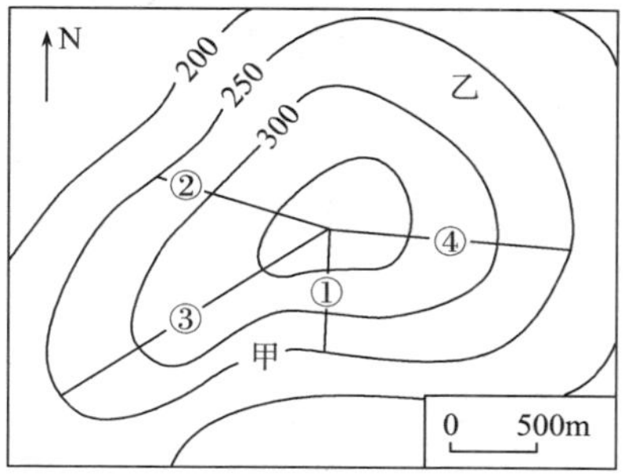

华北某地地形示意图

十几名学生发表意见，答案不外乎两种：乙坡是阳坡，光热条件好；乙坡是迎风坡，降水丰富。

只有一名同学有不同意见：乙坡相对比较背风，利于作物生长。

全班哄堂大笑！

以前我喜欢设计一些小“陷阱”，看着学生中计暗自得意，可是今天却有些无奈。

我放慢语速，强调：看清楚，乙坡是南坡还是北坡？是阳坡还是阴坡？（注：乙坡为北坡）

学生恍然大悟。

在课本上我们讲喜马拉雅山南坡郁郁葱葱；讲安第斯山的迎风坡林木青翠，背风坡则是巴塔哥尼亚沙漠；讲澳大利亚大分水岭以东是迎风坡又有暖流经过，植被是如何蓬勃茂盛……但这么多年没有一个学生问我，为什么济南的千佛山、明水的胡山都是北坡郁郁葱葱，南坡相对荒凉？

我又问：你们见过章丘哪座小山迎风坡降水多，背风坡降水少？

学生无言以对。

我问：什么样的山才会迎风坡降水多？学生举了很多例子。

我问：你看到的山有这样的吗？为什么？学生说，因为我们的山太低。

他们应该是大自然的孩子，可他们的生活中除了课本，就是电视、网络，这一切悄悄蒙上了他们看世界的眼睛！

天地大课堂

我告诉学生国庆期间我们全家要去爬山，天文社团的同学可以一起去，学生们沸腾了，全部要求同去。2009级2班29名通校学生全部报名参加。

1. 活动组织

活动前安排好集合时间、地点、活动线路、参加人员分组及联系方式等。

友情提示：因部分地段要手脚并用爬山且植被茂密，摘酸枣易被划伤，因此必须穿长裤、长袖上衣、登山鞋等。步行路程长，体力消耗大，最好背双肩包，自带水、适量食物。

2. 活动过程

孩子们一路欢声笑语。

"先锋部队"由我和7名女生及高举同学组成，郑菲、马学梅、王明煜、李宁、张涵、刘亚男、纪颖慧个个身轻如燕，高举同学因为太"健壮"而不够敏捷，不时引起阵阵善意的笑声。以班长王明瑞为首的男生们，如鹿绍宇、亓鲁城、张帅、田章瑞、宁致远、宫成、刘欣禹等替女生背着包，他们时而像解放军战士一样唱起军歌，时而对着山林高呼未来的目标和梦想。

“排排坐下山法”

女生不管是文静的王锦、李平宇、朱思梦，乐观的高梦圆、赵宇飞、韩芳、邢月，大眼睛的于文菊、张晓彤，还是上山欢天喜地、下山“晕山”的小邱晨，其表现都可圈可点。瘦高的陈采奕一点不怕陡峻的山势，总喜欢“走边边”，这吓得我不敢吱声，怕一说话影响她的注意力，只能找合适的机会提醒。

登顶胡山

俗话说：“上山容易下山难。”下山时，面对70度左右的陡峭山势，刘亚男、高梦圆同学发明了“排排坐下山法”，并兴奋地大声推广：“这比上山时容易多了！”不一会，陡峭的山路上排起了“小火车”。

生活的土壤很肥沃，生活的天空很高远，生活的内容很生动。生活那么美好，一切的一切。

这次爬山，他们学着用手表定

向，学着用太阳的方向定时间，见到了丰收的棉田，他们在鬼斧神工的落鹰石前听我讲地质史，他们发现山的阴坡植被郁郁葱葱，并且思索出这是因为土壤水分保存得好，他们理解了一天中太阳高度的变化、影子长短的变化和地方时……

通过此次活动，学生们对知识、同伴、生活、家乡、地理学习都有了新的体验和认识，而这些在书本上是学不到的。

3. 作业展示

作业布置

（1）通过这次登山你对生活有哪些新的认识、体验和感悟？

（2）你知道的野外定向的方法有哪些？

（3）如何借助手表定向？借助手表定向往往受到哪些条件限制？

（4）如何根据太阳高度的日变化推测时间？

（5）民居的朝向有什么特点？为什么这样？

（6）胡山南北坡植被生长状况有何不同？为什么？

（7）你看到了哪些生物？

（8）山林的温度、湿度、氧气含量有什么特点？

（9）山区的农田有哪些特点？

（10）明水常见农作物有哪些？其收获、播种在什么节气？

（11）其他。

作业节选

山坡朝向与植物生长特点

2009级2班　陈采奕　张涵　赵宇飞

现象：胡山南坡向阳，但植被稀疏，几乎都是光秃秃的岩石峭壁；北坡背对太阳，光照不如南坡，但植被生长茂密葱郁。

原因：南坡因向阳，故水分蒸发得快，植物因水分少而生长稀疏；北坡背对太阳，蒸发得慢，水分相对充足，所以植物生长茂盛。

结论：影响植被生长的因素不止一个，例如：阳光、水分、温度、土壤类型等。在胡山，水分是影响植被分布和生长的重要因素。

点评：在较干旱的华北的某些低山丘陵，南坡降水与北坡差别不大。但南坡是阳坡，蒸发强。北坡因背阴土壤水分保持得好，植被长得比南坡好。

明水的农作物

2009级2班　纪晓辉　郝文峰

章丘地处暖温带，作物一般两年三熟，明水以种植棉花、玉米、小麦、西瓜为主。

棉花：谷雨—霜降，西瓜：清明—小暑，玉米：小满—白露，小麦：秋分—芒种，花生：立夏—白露，谷子：春或夏种—秋收。

点评：还有明水的香稻，是历代贡米，值得好好研究和代言。

胡山的动物

2009级2班 王旭 李平宇

野兔——生活在野地里的兔类，体型比家兔略大，耳长且大，毛很密，多为茶褐色或略带灰色，吃草、蔬菜等。

猫头鹰——鸟类，身体淡褐色，多黑斑，头部有角状的羽毛，眼睛大而圆，昼伏夜出，吃鼠、麻雀等小动物，对人类有益。有的地方叫夜猫子，也叫鸱鸮。

蝗虫——种类很多，口器坚硬，前翅狭窄而坚韧，后翅宽大而柔软，善于飞行，后肢发达，善于跳跃。有的地方叫蚂蚱。

蝎子——节肢动物，身体多为黄褐色，口部两侧有一对螯，胸部有四对脚，前腹部较粗，后腹部细长，末端有毒钩，用来御敌或捕食。胎生，以蜘蛛、昆虫等为食，可入药。

点评：胡山上还有蛇、鹰、野鸡、野兔……记得爬山时邱晨说了一句话："多么希望生物老师也跟我们一块来啊。"

胡山的植被

2009级2班 江山 宫成 刘欣禹 仇圣伟

酸枣树——落叶灌木或乔木，枝上有刺，叶长椭圆形，边缘有细锯齿，花黄绿色，肉质薄、味酸，核仁可入药。

桑树——落叶乔木，树皮有浅裂，叶子卵形，花单性，花被黄色，叶子是蚕的饲料，其茎叶的韧皮纤维可造纸，果穗可以吃，根的白皮、叶、果实均可入药。

槐树——落叶乔木，羽状复叶，花淡黄色，结荚果，圆筒形。花蕾可以制黄色染料，花、果实以及根上皮都可以入药。

观察胡山植被

白茅——多年生草本植物，春季先开花，后生叶子，花穗上密生白毛，根茎可食，也可入药，叶子可编蓑笠。

狗尾草——一年生草本植物，叶子细长，花序圆柱形，穗有毛。

点评：植物可是有神力的，一点水、一点阳光，就绿得喜人。最基本的光合作用，人类无法模拟，可是绝大部分植物都有这种与生俱来的本领。

如果仅仅是测量时间——太阳和影子的方向

2009级2班　赵雪滢　刘蕊　高靖宇　张晓彤

当地的正午影子朝向正北，如果影子朝向西北，说明太阳在东南方向，如果影子北偏西15度，就说明太阳正南偏东15度，而太阳的运行速度是每小时15度，那么当时肯定是当地的11点整。

因此，只要测出影子和正北方向之间的夹角度数，乘以4，就是当时和12点之间的时间差（单位：分钟）。

在地上立一根木棒，然后在地上画出东西南北，先试一天，在地上画线，并标出时间，以后就靠这看时间了。

点评：四位同学给我们设计了一款生动的手表，让我想起清华大学校园内流传下来的日晷。这篇作业展示的，就是设计原理。

野外定向的方法

2009级2班　王明瑞　李磊

1. 手表定向法：当有太阳时，将手表放平，时针对准太阳，则时针与12时刻度线的角平分线所指的方向为正南。

2. 北极星定位法：夜晚，北极星所在的方向为正北。

3. 年轮定向法：如有被伐倒的树木，可根据其年轮定向，年轮稀疏的一侧为南，紧密的一侧为北。

4. 植被定向法：山的南坡植被稀疏，北坡植被茂盛。

5. 孤树定向法：树上枝叶稀疏的一侧为北面，较茂盛的一侧为南面。

6. 观察积雪：北坡融化慢，积雪多；南坡融化快，积雪少。

点评：植被定向法我不太认同，不同地区、不同高度的山不一样。请同学们思考：这么多理论上的定向方法，应用起来有哪些制约因素？这么多方法，哪些更有现实意义和实用价值呢？

活动后记：网络使世界变成了村庄，想漫游天下，鼠标就是阿里巴巴的咒语，键盘轻叩间，我们的求知欲和好奇心得到满足。可网络不是全部，那里没有花草的香味，没有清凉的空气，也体会不到手脚并用爬山的辛苦与乐趣。“天地大课堂，万物好老师”，让我们一起去看不同的风景，享受学习，享受生活，享受每一天。

小暑

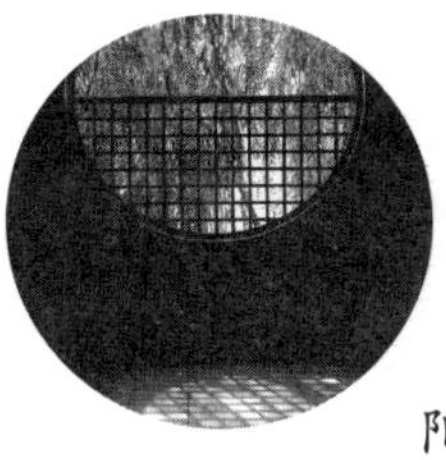

“地煮天蒸盼雨风，偶得雷暴半圆虹。旱南涝北分天壤，却有荷塘色味同。”在草木郁郁葱葱、地煮天蒸的七月，请来珠峰大本营，看晚上十点的夕阳和凌晨两点的繁星。

喜欢旅行，那些时刻我能听见自己的声音，这让我在尘世中不失去那一小半独处浪漫的心。珠峰下让人失语的群山和星空，云水相连的可可西里和羌塘草原，纳木错的白牦牛和飞鸟，世外桃源般的雅尼湿地，油画一样的羊湖雍错，还有八角街那些窄窄的小巷，沿途不时出现的牦牛和羊群，青藏线上如影相随的云朵和湖泊，还有，仓央嘉措撩人心弦的诗……它们在我以后的回忆中美得出奇，像一颗颗价值连城的宝石，在那里静静地闪光。“树在，山在，云在，岁月在，爱在，我在。你还要怎样更好的世界？”诗人说。

大暑

又是荷花开得最盛的时节。我很幸运，因为我有一扇可以收得尽荷花苑风景的窗子。荷花苑里的荷花，一朵一朵，从水里生长起来，美得让人百感交集。含苞的蓓蕾，倒映在有着粒粒浮萍的水中，完全是青春的模样。不甘寂寞的柳梢，随着时断时续的微风的节拍，在水面上碰出一圈圈的涟漪。窗外漫进来的香味，不经意时，浓得让你无法忽略；细细嗅时，又淡得让人无可奈何……斜阳下的光影让我恍惚，这一刻，我想告诉奶奶这个世界真的无与伦比的美，但有她的时光，才无与伦比的好。

专题开发

地理的学科特色使得地理课堂需要对接生活的情境，需要根植生活的土壤，需要融入生活的智慧。我们依据国家课程标准和高中地理学习中的重难点内容，开发了46个高中地理实践性学习项目，以建立知识学习和生活实践相互补充、相互支撑的高中地理实践性学习体系。该课程旨在引领学生对自然和生活的关注，提升学生的地理实践力和综合思维能力，彰显地理的学科本质和学科魅力。

以下为已开发专题及部分专题的实施方案：

专题一　天文观察——星座

专题二　观察月相变化

实施方案

从农历初一开始，观察一个月内月亮的形状和它在天空中的位置变化，记录每一次月面朝向及月亮形状。活动过程如下：

1. 选择驻地附近便于观察的场地。

2. 了解当地每天月亮出没的大致时间（也可由老师提供），在不影响作息的前提下，制定观察计划。主要包括每日观察次数、时间、观察项目、必备用具等。

3. 逐日逐次观察并记录月亮在天空中的方位、地平高度和月面朝向，绘出月相草图，并记下每次观察的农历日期和观察情况。

4. 将观察记录整理成表格形式，向全班同学展示。表格应包括以下项目：每天月亮出没的大致时间，一天中所观察到的月相、在天空中的方位、地平高度及观察时间等。

5. 与同伴交流在活动中你感到最容易、最困难的地方，以及你的发现。

专题三　地转偏向力实验

设计一个简单易行的小实验，证明地转偏向力的存在，写出实验用材、实验步骤和结论。

专题四　寻找太阳高度角变化的证据

专题五　根据太阳方向判断地方时，设计日晷

专题六　不要遮住我的阳光——楼间距与太阳高度角项目

专题七　参观气象台

专题八　海水运动中密度流的实验设计与演示

专题九　野外地质考察——认识岩石、矿物、地貌类型，了解土壤质地、类型，了解树种及其与地形、气候的关系

专题十　黄河口地貌考察

专题十一　野外定向（学会使用指南针，学会根据民居、时间和太阳方位、孤树的树冠朝向等定向）

专题十二　当地雾霾天气严重程度的差异分布及原因调查

专题十三　模拟温室效应

专题十四　用干沙、水和白炽灯模拟海陆热力性质差异

专题十五　流水的沉积分选模拟试验

专题十六　河流的水文特征及水污染的调查

实施方案

分组，每组10人左右。调查方式主要有实地勘察、走访有关部门、查阅相关材料等，每组选择其中的一项。调查的主要内容有：

1. 河流的基本概况：源地、流向、长度、流经地区、流域内气候和植被的基本状况。

2. 河流的补给类型，汛期长短，流量和水位变化及其原因，可能造成的灾害。

3. 河流水质情况：含沙量大小、水质污染程度、污染源。

4. 河流的开发利用情况：沿岸居民使用河水情况，灌溉、航运、养殖等方面的效益如何。

对各组收集的资料进行整理，写出关于家乡河流的调查报告，包括对该河流治理和开发的具体建议。

注意事项：

1. 调查之前集思广益，列出调查访问清单。

2. 实地勘察应注意安全。

专题十七　胡山森林公园生物种类及小气候考察

专题十八　眼明泉芦苇湿地考察——理解地理环境的整体性

专题十九　泰山地貌与植被分布考察

专题二十　体验寒潮

实施方案

1. 收听天气预报。

2. 测量寒潮前后的气温并说出变化，感受风速变化。

3. 调查寒潮对当地交通、农业生产、生活的影响。

4. 提出具体的防护措施。

专题二十一　我的一日生活与自然资源

专题二十二　调查家族人口的变迁史

专题二十三　本地人口增长与迁移状况调查

专题二十四　城市土地利用情况调查

调查明水商业用地、工业用地、政府机关用地、住宅用地、农业用地、休憩用地及绿化地带、交通用地和其他公共事业用地、水面分布情况，画出草图并归纳明水土地利用的基本特征。

专题二十五　调查商业中心等级与其市场服务范围的关系

专题二十六　城市环境问题调查

专题二十七　研究城市空间结构变化并分析原因

实施方案

1. 分组合作，查找资料，收集所在城市不同时期的地图、照片及各时期城市人口数量、用地规模等资料。

2. 通过查阅资料、走访调查等形式，找出该城市不同时期的主要功能区，标出其范围。

3. 分析该城市不同时期人口、范围、功能区的变化特点并分析原因。

专题二十八　我为世界地域文化代言

专题二十九　工业联系考察

专题三十　工业污染调查

专题三十一　家乡工业区位条件调查

实施方案

将全班同学分为五组，每组选择一项进行调查：

1. 调查家乡的地形、水源、矿产资源等自然条件并作出评价。

2. 调查家乡的农业基础、社会经济状况、劳动力状况及交通运输条件。

3. 调查主要工业部门和生产情况。

4. 分析家乡主要生产活动对地理环境产生的影响。

5. 讨论家乡在保护环境的前提下谋求进一步发展的对策。

将各小组的资料汇总分析，在此基础上合作撰写一份加快家乡经济发展的调查报告。

专题三十二　参观寿光蔬菜博览会

专题三十三　农村生活体验系列

调查本地主要农作物及其收播季节；调查各种肥料使用情况，收集土壤标本，提出提高土壤肥力的措施；去农场参加农业劳作活动，如平整土地、除草、播种、喂养家畜、采摘瓜果、挖土豆等。

专题三十四　从明水北部湛汪村土地利用方式变化看农业区位因素

专题三十五 关于家乡商业网点布局和商业活动的调查

实施方案

将全班同学分成若干小组，对家乡商业网点布局和商业活动进行调查。

1. 将主要的商场、超市、商业街或农贸市场标注在地图上，简要分析它们的布局与交通线路、居民区分布的关系。

2. 调查主要商店的经营项目、特色商品、商品产地、销售对象等，填写下表。

路段	商店名称	特色商品	商品产地	销售对象

3. 对家乡商业网点布局和商业活动进行简要评价，提出你的改进建议。

专题三十六 朱家峪民风民俗考察

专题三十七 调查当地环境状况

专题三十八 测量雨水的pH值

专题三十九 区域地理特征考察

实施方案

1. 调查本区域1月和7月平均气温、全年降水量、典型植被、动物种类、河流、地下水、土壤类型。

2. 调查该区域民居特点、主要交通方式、农业制度、主要粮食作物。

3. 调查该区域主要产业类型，主要的自然、人文景点。

4. 指出本区域主要优势和限制性因素，并提出发展设想。

专题四十　我为中国四大自然区域代言

实施方案

模拟赴中国南方地区、北方地区、西北地区、青藏地区四大自然区的旅行，代言不同地区的地理景观、地域文化。

1. 设计一条旅游线路，列出目的地、到达月份（不同季节景色不同）、所使用的交通工具、交通线路、景点（包括著名自然景区和人文景区）、考察内容和时间。

2. 查阅资料，写出考察报告（也可写成散文风格的旅行见闻录或探险者日记）。

3. 采用报告会、板报等形式，在班级或年级内展示小组的研究成果。

专题四十一　地理界线区域考察

秦岭南北差异体验、大兴安岭东西差异体验、祁连山两侧的河西走廊和青藏高原地理考察、乌鞘岭两侧地理考察等。

专题四十二　新疆特色考察

考察特色农业、荒漠、绿洲农业、坎儿井、交通、特色农产品等。

专题四十三　青藏地区地理考察

自然地理——地形、气候、高原湖泊、冻土、高原生物等。

人文地理——青藏铁路、民风民俗、宗教信仰、河谷农业、藏医藏药等。

专题四十四　工业化与民工潮调查

如果家在农村，调查家乡若干外出务工者的情况（包括年龄、性别、务工地、务工行业、务工收入等）；如果家在城市，调查若干名住在附近的外来务工者的情况（包括年龄、性别、籍贯、务工行业、务工收入等）。

专题四十五　设计并演示水土保持实验

专题四十六　生活中的“3S”

立秋

“云天收夏色，木叶动秋声。”立秋之后，阳气渐收，阴气渐长。

生命恪守着它的律动，演绎着成长与衰老。它不耽溺于片时浮华，也从不凝滞于苦难的渊底，你跑它不跑，你停它不停，你急它不急，它是永恒的流动。倏忽之间，世界的盛衰荣辱，俱成过眼云烟。那路旁的蒲公英，布谷鸟的歌声，牵牛花的笑靥，秋木的沉香，池中央的涟漪，木芙蓉梦幻般的花朵……那些曾实实在在的幸福啊，在某个时刻，所有的印迹都会湮灭，所有的线索都会消失。我们在蜉蝣一世中悲悲喜喜，在这个星球上忙忙碌碌，然而到了最后的最后，当倾尽毕生心血的华厦竣工时，才蓦然发现：时空无限，星云连绵，茫茫宇宙中，已寻不到它的任何踪迹。

处暑

“离离暑云散，袅袅凉风起。池上秋又来，荷花半成子。”夏天打点好行装谢幕，秋天即将华丽登场。几场淅沥沥的小雨一过，夏天的衣裙都被打包收藏。秋云飘逸，秋阳透亮，昼夜温差越来越大。黍稷稻粱，纷纷成熟，美不胜收。买一包糖炒栗子，熬一锅稠稠的、香香的小米粥，烤一锅甜甜的红蜜薯，吃一次大闸蟹，穿上漂亮的风衣在有着密密行道树的街上漫步……都是这时节触手可及的小确幸。

课程方案

高中地理实践性学习是依据国家课程标准，找到学习与生活的结合点，把地理知识和生活经验相结合的学习方式，是在实际情境和实践活动中进行的学习。

席慕蓉说："上一百堂美学的课，不如让孩子自己在大自然里行走一天；教一百个钟点的建筑设计，不如让学生去触摸几个古老的城市；讲一百次文学写作的技巧，不如让写作者在市场里头弄脏自己的裤脚。"

2008年9月以来，我依据课程标准，开发了46个高中地理实践性学习专题并设计了每个专题的实施方案，以建立知识学习和生活实践相互补充、相互支撑的高中地理实践性学习体系。

课堂上的尴尬

我们发现，生活经验的缺失导致学生地理学习困难，学生甚至感觉地理比数学还难；只有知识，没有生活常识，影响了学生知识学习的融会贯通，更谈不上应用。

1. 种麦子、种棉花的问题

农业生产是人文地理的重要内容。我曾告诉学生，过去农村学校的学生一年放四次长假：寒假、麦假（收麦子）、暑假、秋假（收玉米、棉花、稻子，种麦子），也曾以济南的冬季和东北的冬季为例来让学生理解冬小麦、春小麦的收播季节区别，但种种努力依然难敌遗忘这个沉重的“蜗牛壳”。

反思：缺乏生活经验支撑的知识，真的挺难被记住。

2. 看不见山

我们经常讲喜马拉雅山的阳坡郁郁葱葱，但这么多年没有一个学生质疑：为什么山东的山大都是阴坡（北坡）植被长得好？

反思：只见书本，不见生活。不见生活，问题从哪里来？智慧从哪里来？文盲或可怕，“学盲”更可悲。

3. 找不到北

生活常识加上小学生的计算能力就能学好的“地球运动”，因为很多学生不注意观察生活中的现象，不知道东西南北，不知道时间与太阳方位的关系……导致地方时、昼夜长短、日出日落时间等简单的知识点成为高中地理公认的难点。

反思：所谓难点可能只是在某一个简单的点上卡壳，影响了思维的融会贯通，生活中的实例、体验很多时候就是那一层“窗户纸”。

4. 那节精彩的“省优课”

有一年山东省教师全员远程研修，在那节“工业地域的形成”省级优质展示课上，教师设置了有关基础设施建设的分组讨论，可学生绞尽脑汁想到的不过是发展交通、建养老院、发展电力等几条干巴巴的措施。我们想让学生做课堂的主人，可学生有做主人的能力和准备吗？

反思：生活是生动的，教学是苍白的。我们难以让孩子们在“玩”中学、在“做”中学、在“亲历”中学，我们擅长的是让学生在“教”中学。不回归生活，学生无法真正成为学习的主人。

5. 怎么总是植树造林

在区域地理学习中，不管黄土高原水土流失的治理，还是西北沙漠化的防治，还是江南丘陵的可持续发展，植树造林是一条正确到骨子里的答案。从来没有学生提出疑问：当地老百姓为什么不这么做？我问学生：给你家十亩地，你们会用它干什么？学生的答案丰富多彩，但都与植树造林无关。

反思：生活很现实，课本太理想。学习和生活不应该两张面孔，真实的生活更能入脑、入心。

课程价值

1. 改变学习时空，回归教育本源

我们要结合学科教学、研究性学习和社会实践课程，有效地利用自然、社会资源，构建知识学习与生活实践相互补充、相互支持的实践性学习体系，促进学生健康成长。

2. 拓宽视野，培养责任担当

实践性学习让学生体验思考和认识世界的乐趣，增强其社会责任感，对学生个性品质的培养也有独特的教育价值。

3. 回归生活，释放学生学习激情

实践性学习使学科知识、现实生活相互联系，课内、课外相互补充，知识、经验相互支撑，从而唤起学生对学习、生活的认知和热爱，激发学生学习兴趣，有利于学生思维的融会贯通。

4. 启迪智慧，激发学生好奇心和创新精神

知识与实践相结合，能激发学生的好奇心，提高注意力，增强观察力，利于学生发现各种事物之间的联系，促进学生创新精神和实践能力的发展。

5. 健全思维，促进学科整合

实践性学习活动，涉及多学科的知识，可以弥补学科间的分割带来的教育弊端，更好地促进学科间知识的融会贯通。

课程内容

1. 依据大纲和课标，开发实践性学习专题

我们深入研究高中地理教学大纲和课程标准，开发了46个高中地理实践性学习专题，并精心设计了每个专题的实施方案。

2. 实践机制

（1）学期初，把本学期实践性学习专题打印成册，列出明细表，供学生选择。每学期每名学生至少参与1～2个专题。

（2）时间安排以周末、小假期、寒暑假为主。

（3）利用家长委员会，推动实践性学习的开展。

（4）以点带面，逐步推开。

3. 组织保障

结合地理教学内容，在学期初、周末、寒暑假、小假期布置相应专题，策划好实施方案，讲清注意事项，明确学习成果展示要求。

（1）安全保障

统筹规划。距离远的实践性学习专题要与当地旅行社联系，签订安全保险责任书。

（2）提供选择

在学期初提供多种多样的实践性学习专题供学生选择，力求让每个学生都能从中找到自己特别喜爱的实践性学习专题。

（3）活动规划

包括活动时间、地点、路线、任务单、参加人员通讯录等。活动时间一般安排在周末或节假日，时间以半天至一天为主。3天以上的活动安排在黄金周和寒暑假。

（4）物资准备

食物、水、衣物、雨具、交通工具、门票、急救箱、对讲机、数码相机、手机、充电宝等。

（5）费用及相关组织协调

视具体情况妥善安排交通、食宿等，若与旅行社合作，由学校估算好费用，与旅行社洽谈。

（6）具体内容和作业安排

每个专题实施前，使学生明确专题内容、实施程序及学习任务。

（7）做好意外事件的防范与处理预案

4. 成果展示与评价

（1）选题的价值和活动的目标

（2）活动过程及学生投入状态记录

（3）成果展示

以考察体验报告、活动心得、摄影展、采集标本展等形式展示活动成果。

（4）评价激励

通过板报、校园网展出学生作品，优秀作品入选实践性学习校刊——《探索者》（2010年4月创刊）。

（5）项目星级评定与完善

根据活动的效果和学生反馈，对实践性学习项目进行星级评定。

5. 典型项目

（1）野外考察

如秋天的山林考察，黄河口地貌考察，山区地质地貌考察，野外定向等。

（2）调查采风

如地域文化调查，参观寿光蔬菜博览会，居民“菜篮子”调查，白云湖湿地水质调查，“限塑令”在生活中的实施情况调查，商业中心调查等。

（3）地理观察

如观察月相变化，观察农作物的春耕、夏种、秋收、冬藏，观察当地植被的四季变化，观察当地昼夜长短的变化，观察一天之中日影的变化等。

（4）地理测量

如测量太阳高度与一天中气温，分别做出曲线图，并进行分析；测定太阳高度，确定学校纬度；测量降水酸度；土壤水分（墒情）检测；测量水体污染数据等。

（5）地理实验

如设计有关地转偏向力的实验，模拟水循环和降水过程，模拟温室效应，模拟演示水土流失与土质、降水强度、植被、地面坡度的关系，设计有关密度流的实验等。

（6）生活体验

如农场生活体验，森林公园小气候体验，在眼明泉、百脉泉等市区主要景点学做导游等。

（7）研学旅行

如泰山地质地貌一日游，齐长城一日游，白云湖水文观光，黄土高原地域文化采风，珠峰大本营地质、地貌观光等。

效果与反思

1. 成果应用

（1）责任担当

学生的社会责任感增强了，对环境问题、社会问题、可持续发展问题越来越关注。我们把学生实践性学习的优秀成果结集成册，创立了《探索者》校刊。

（2）情感态度

学生体验到了思考和认识世界的乐趣，增长了生活经验，质疑能力、分析问题的能力、应用知识解决问题的能力得到提升，地理课堂成为深受学生欢迎的课堂。

（3）认知水平

通过实践性学习，引发了学生认知冲突，激发了学生的好奇心和学习兴趣，学生的注意力、观察力、理解力提高了，学习成绩明显提升。

（4）辐射推广

2011年，我作为第二届全国教育改革创新先锋教师奖获奖者在教师论坛上作典型发言；2014年，在中国教育电视台录制专题访谈；我们的案例在2015年山东省暑期远程研修中作为典型案例供全省地理教师研究学习……十几年来，我们先后在上海、河北、重庆、湖北、湖南、广西、江苏、内蒙古、福建等多个省市作案例分享。

（5）学科育人

初步建立起了知识学习和生活经验相互支撑、相互补充的教学体系，促进了学科教学的融会贯通。改变了学生学习状态，提升了学生的地理素养和社会责任感。

2. 几点反思

（1）有智慧，积极行动——教育需要勇气

教育过程和教育方式的改变，并非不可能。办学设施落后、安全隐患等都是借口，根本问题在于人。想做好，总有办法；不想做，条件再好都枉然。有追求、不功利、敢于创新，做教育是需要勇气的。

（2）教学与考试——行走在理想和现实之间

高一、高二全面发展，高三才能厚积薄发，实现考试与发展的双赢。在教与考的问题上，我们需要的不是拥有“舍鱼”还是“舍熊掌”的勇气，而是“鱼”和“熊掌”兼得的智慧。

（3）加强家长委员会的建设，充分发挥家长的作用

家长是强大的教育资源，要充分了解、挖掘、利用家长中的优势资源，让家长参与到教育中来。

（4）专题开发有待进一步完善

个别专题的趣味性、丰富性不足，需要不断完善。

（5）跨学科教学——培育“种子”教师

各科知识是融会贯通的，这就需要我们跨学科成长，才能更有效地指导、实施实践性学习；需要我们从年轻教师中发现并培养实践性学习专题的开发和实践者，给地理实践性学习注入新的活力。

（6）解决学科负担重的问题——释放学生的学习激情

学生的学习负担之所以重，是因为他的生活太单调、太被动、太乏味了。回归生活，才能体验到思考和认识世界的乐趣，把学生从“劳役”中解放出来，用自由呼吸的教育为学生的生命减负。因为，如果喜欢，再累都不觉得累；如果不喜欢，再轻松都累。

一切，才刚刚开始……

白露

“蒹葭采采，白露未已”，又是夏末秋初，明水最好的季节，翠绿与金黄相混，悲伤与喜悦杂陈，希望与回忆相间，春天的馨香成了回忆，夏日茂盛的回音还在空中隐约可闻。稻田里、菜园里正是一片繁华盛景，洋槐树用斑斓的色调，肆意绽放着内心的欢喜，梧桐树的叶子在微凉的细雨中开始零零星星地落，凉风如水拂发、拂面……浪漫的风情随这个季节的来临融入了明水的每个角落。如果你在夏末秋初来到明水，看到这样诗意的景色，不是诗人也会成半个诗人。

秋分

秋分者，阴阳相半也，故昼夜均而寒暑平。转瞬间，一切都改变了。秋意渐浓，寒气渐生，白昼渐短，落日的残照把身影拉得越来越长，头发被风吹成翻飞的枝条。忽然有一天，你感觉夏天的衣服全不对劲——颜色太浅，鞋子太暴露，秋味一天比一天浓烈。黄昏与云朵，桂花与人潮，回忆与过往，静静的雨丝，飘落的树叶，都是这个季节独有的印章。“你知道，你是谁？你知道，年华如水？你知道秋声，添得几分憔悴？”那些快乐得让我落泪的往日时光已悄然流逝，永不重回……我和我的孤独，约在这微凉的、微凉的九月。

实践案例

由科学世界向生活世界回归的地理大课堂，显示出学科的开放和活力。原来互不相干的知识点，在真实情境中因显示出相互的关联而活了过来，变得有了意义，有了温度，有了色彩，有了生命。

我们去胡山进行综合考察，去白云湖进行湿地水质调查，对“限塑令”在生活中的实施情况进行访谈，去调研章丘的交通安全状况，去农场体验生活，去化肥厂、造纸厂、鼓风机厂了解工业生产，我们观察月相、昼夜长短和日影的变化，我们测量楼间距和太阳高度角，调研商业中心布局的规律……走进生活的地理，让学生期待，让学生着迷。

胡山综合探秘

我们策划了野外定向，白泉水质探究，坡向与植被生长的关系，外力作用与落鹰石的形成，从菊石“上山”看沧海桑田的变迁，土壤剖面观察分析，朱家峪民俗采风等十多个活动项目。

下面呈现的是该实践性学习活动的原生态报告。报告分三部分：一是活动过程，二是学生感言，三是活动总结反思。

1. 活动过程

活动一：常见农作物的收播季节与栽培方式。

出白泉村，一眼看到丰收的棉田。

探讨：二十四节气与农作物的收播季节。

顶端优势：植物茎的生长有顶芽优先生长而侧芽受到抑制的现象，此现象被称为顶端优势。在种植棉花的过程中，人们常用摘去顶芽、保留侧芽的方式促进侧枝的发育，使侧枝上结出更多的棉铃，从而提高产量。这在农业生产中被称为“打顶”。

观察思考：这一操作的原理是什么？顶端优势的原理还可以用于哪些方面？

活动二：观察坡向，思考坡向与植被生长的关系。

坡向与植被

走在山路上，山的阴坡植被郁郁葱葱，阳坡却相对荒凉。

学生观察：哪边是阳坡，哪边是阴坡，哪一坡的植被长得好，与课本上讲过的山有何不同？为什么？

结论：植被是自然界的一面镜子，光热水组合越好，植被生长越好。胡山地处较为干旱的北方，阳坡蒸发强烈，阴坡蒸发较弱，土壤水分阴坡比阳坡保持得好，所以植被长得好。

反观课本：课本上讲喜马拉雅山阳坡植被长得好，因为喜马拉雅山的阳坡同时还是迎风坡，降水多，水热组合好，所以植被长得好。但并不能因此断定山的阳坡植被都长得好。在现实生活中，阳坡植被是否茂盛，与山所处的纬度、山的海拔、是否是迎风坡、植被类型都有关系。

活动三：采石场与生态保护。

去白泉途中有大片由于采石而形成的断崖，它见证了房地产业的蓬勃发展，但是这种发展是以牺牲环境为代价的。

繁荣的代价：采石场

学生观察思考：为什么要保护、恢复破损的山体？作为“地球之肺”的森林对生态环境有哪些不可替代的作用？

活动四：岩石断面观察与岩石成分验证。

由于开采石料，岩层出露，我们可以非常直观地观察岩层的走向与岩石性质。

思考：资料表明胡山上的岩石主要是石灰岩，你能提供哪些证据？

学生甲：从外观上看，该处岩石呈灰白色，无明显结晶，层状结构明显，判断该处为发育良好的沉积岩——石灰岩。

学生乙：把岩石放入盐酸中，有气泡产生，说明胡山上岩石的主要成分是碳酸盐，而石灰岩是碳酸盐岩的主要类型。

学生丙：刚才过来的路上有一座废弃的石灰窑，就是把石灰岩加热生成生石灰，用作建筑材料。

实验验证岩石成分

活动五：从菊石“上山”看沧海桑田的变迁。

沿途发现近百处菊石化石和几处鱼类、三叶虫等海生生物的化石。

观察菊石化石

学生观察思考：

石灰岩是怎么来的？菊石为什么会到山上来？如何依据地层和化石推测古地理环境？

结论及依据：

绝大多数石灰岩是由珊瑚虫等生物遗体堆积而成的，珊瑚生长于温暖广阔的浅海，由此我们可以推断胡山在地质年代曾经是温暖广阔的浅海环境。

菊石是已灭绝的海生无脊椎动物，最早出现在距今约4亿年前，繁盛于2.25亿年前，6500万年前绝迹。菊石体外有一个硬壳，以旋转形的壳居多。菊石“上山”说明这里曾经是海洋，后来经过地壳抬升运动，成为陆地。

地层和化石是记录地球历史的“书页”，我们可以根据岩石组成物质的性质和岩石中所含的化石来推测古地理环境。

活动六：土壤剖面观察分析。

该处由于公路修建，我们可以非常直观地观察土壤分层。

土壤剖面观察

师生观察分析：该自然土壤剖面包含了哪些土层，每一层有什么特点，形成原因是什么。

结论：上面是枯枝落叶层和腐殖质层，土壤有机质含量较高。第三层是华北地区最常见的棕壤，第四层由于雨水的淋溶作用，大量钙质向下淀积，形成了很厚的灰钙土。由于土壤剖面出露厚度有限，我们没有观察到土壤与基岩分界面处的情况。

活动七：白泉水质探究。

被后人尊为“茶圣”的唐代茶学家陆羽在其著作《茶经》中说：“山水上，河水中，井水下。”陆羽认为用来泡茶的水，以自山中流出的山泉水为最佳。《红楼梦》第四十一回记载，妙玉用5年前收集的梅花上的雪水泡茶，招待宝玉三人，“宝玉细细品了，果觉清淳无比，赏赞不绝”。

学生思考探究：

（1）软水泡茶口感好，为什么？

（2）如何测量水的硬度？

（3）常见的软水有哪些？

（4）白泉的水是软水还是硬水？为什么？

结论：

（1）因为硬水中钙、镁离子含量高，茶叶中含有草酸，容易跟钙镁离子发生反应生成沉淀，所以泡茶效果不好。而雪水、山泉水是软水，钙、镁离子含量少，所以泡茶口感好。

（2）测量水的软硬可加入肥皂水，根据浑浊程度定性测定。

（3）常见的软水有：蒸馏水、大气降水、开水。

白泉的软硬检测

（4）白泉水的来源是大气降水，大气降水是软水。胡山的岩石成分主要是难溶于水的碳酸钙，且白泉位于半山腰之上，泉水在山体中流经的路程短，溶解的钙、镁离子少，因此相对于河水、井水，白泉水的硬度较小。

活动八：野外定向的方法有哪些？如何根据时间和太阳定方向？

行至半山腰，由于峰回路转，有的同学“掉向”了。此时太阳高悬，山下的居民楼隐约可见。

学生讨论：

（1）利用气候和民居的关系思考：如何通过民居定向？

（2）运用地球运动的知识思考：如何根据时间和太阳的位置定向？为什么？

（3）你还知道哪些野外定向的方法？这些方法的使用受哪些因素限制？

活动九：植被、空气质量与人体健康。

观察野草莓

行至半山腰，地上大片野草莓，坡上大片槐树林，大口呼吸新鲜空气，顿觉神清气爽。

学生观察思考：一天中什么时候氧气含量最高？为什么？负氧离子的多少与哪些因素有关？为什么负氧离子被称为“空气维生素”和“长寿素”？

结论：经过了白天的光合作用，黄昏时当光合作用与呼吸作用速率相等时氧气含量最高，清晨氧气含量最低。植被覆盖率高的区域含氧量远远高于植被覆盖率低的区域。

植物光合作用时，叶尖尖端放电产生大量负电荷，氧气得到一个电子形成负氧离子。病毒多带负电荷。不同病毒负电荷强弱不同，如流感病毒负电荷很弱，乙肝病毒的负电荷较强。负氧离子增强人的抵抗力的原因跟物理上同性相斥的原理类似，人体吸入大量负氧离子使人的细胞带负电，可以增强免疫力。

活动十：落鹰石的形成与风化作用。

寻找外力作用的“证据”

学生观察思考：落鹰石的风化受哪些因素影响？寻找证据证实你的结论。

结论：岩石经过物理风化、化学风化、生物风化，最终崩解破碎。温度变化下的膨胀收缩造成物理风化，岩石表层与空气接触发生化学风化，植物的根系插入岩石的裂缝中生长同样使岩石表层被风化、被破坏。风化作用遍及地球的表层。

活动十一：朱家峪民俗采风。

观察村落选址与地形的关系，观察古建筑、古院落，品尝菜煎饼、槐花饼、老豆腐，体验民风民俗。

朱家峪采风

2. 学生感言

这次考察让我们学会了很多关于地理的知识，认识到了保护环境的重要性，锻炼了身体，磨炼了意志。更重要的是学会了团结合作，更加热爱大自然。

——2012级2班　马千里

山林就是山林，天空格外蓝，空气尤为清新，让人心旷神怡。钢筋水泥的城市无论科技多发达，始终无法匹敌自然的神奇。我们自发地去捡拾垃圾，或许微不足道，但只要我们都能从内心认识到保护环境的重要性，并且愿意从力所能及的事情做起，就足够了。

班级合影

——2012级2班　宫雨

经过一天的行程，我们认识到保护环境的重要性——如果我们不爱护我们的家园，可能不久后这美景将不复存在。从现在开始，保护环境吧！

——2012级4班　梅岳

巨石旁小憩

这次胡山之行，我观赏到了家乡美丽的风光，学到了知识，见到了小草莓。爬山的过程中同学们团结友爱、互帮互助，真好！

——2012级2班　弭晓月

这次活动不仅锻炼了身体，还学到了许多知识。短短一天让我们对生活有了新的认识，愉快又有意义，强烈建议以后多举行这种活动。

——2012级2班　部长好

车梁木下合影

天然氧吧，旱苇，白泉的化学实验，那么多神奇的地理知识……快乐、充实的一天！

——2012级2班　徐旭

这次活动让我重新认识了自己和人生，学到了很多知识，非常期待下一次的登山活动。

——2012级2班　崔芳敬

我感受到了大自然的神奇与魅力，收获了知识，磨炼了意志，更认识到了保护环境的重要性。环境保护，我们的责任！

——2012级4班　张文娜

一整天的好心情！满途的山风、日光、树林、昆虫，真的是难得一见的美景。通过这次活动，我们坚强了，成长了，更加团结友爱了。

——2012级4班　栗世钊

通过真正接触、了解、亲近大自然，我学到了很多书本上学不到的地理、生物知识，锻炼了身心。这次活动更增进了同学间的友谊和团结互助意识，强烈希望学校以后多组织此类活动！

——2012级4班　赵红云

短短6个小时的活动让我们经受了一次洗礼。白泉水、满山的植物、鸟鸣、落鹰石、新鲜的空气、一览众山小的喜悦……这是我们的胡山。

——2012级4班　李加桉

采石场和山上的垃圾令人叹息，希望有关部门尽快解决问题，呼吁游客文明登山！

——2012级4班　王东玉

3.活动总结和反思

生活的土壤很肥沃，生活的天空很高远，生活的内容很生动。

这次活动中，我们亲口品尝甘甜的白泉水；我们在森林里贪婪地呼吸着新鲜的空气；我们把一袋袋的垃圾带下山；我们目睹了鬼斧神工的落鹰石，学生发出感叹“这是谁垒的”；面对采石场造成的山体之殇，同学们不由自主地皱起了眉头……

我们学习用手表定向，用太阳的方向定时间，理解了地球自转的地理意义；我们通过观察菊石“上山”，理解了如何通过地层和化石推测古地理环境；我们见到了丰收的棉田，了解了顶端优势与棉花产量；我们不会再坚持山的迎风坡降水多且向阳因此植被长得好，我们发现山的阴坡郁郁葱葱，并且思索出这是因为阴坡土壤水分保存得好。

我们理解了一天中太阳高度的变化、影子长短的变化和地方时的关系，领略了落鹰石对外力作用的诠释，采石场与可持续发展，林间的空气与“百毒不侵”的免疫力……这些谜一样的问题吸引着我们每一个人。每一次问题的提出、思索与讲解，都是恢复体力的良机，真所谓“一张一弛，文武之道”。

通过此次活动，学生对知识、对同伴、对生活、对家乡、对学习等都有了新的认识。这样的活动不仅锻炼了学生意志，开阔了学生视野，增强了学生体魄，增进了彼此间的友谊，对学生的价值观、人生观更是一次洗礼和升华。

此次活动依然有些项目有待完善和开发。

项目一：下山途中，有一处典型的沉积岩分布区，可让学生观察沉积岩的特点，推测它的形成。

项目二：山中有一处背阴的山谷，林木特别茂密葱绿，可以调查该处的小环境。

项目三：山中动植物种类繁多，不少学生感兴趣。可设置项目：胡山有哪些动植物？针对其中一种写一篇不少于100字的短文介绍它。

商业中心调查

【课程标准】

结合实例，说明服务业的区位因素。

【任务单】

1. 调查家人或邻居一般去哪些商店购买下列物品：粮食、蔬菜、水果、食用油、盐、卫生纸、牙膏、洗发水、衣服、高档化妆品、电视、冰箱、计算机等，将调查得来的资料进行分类统计，找出其中的规律。

2. 小组分工，调查住所附近的商业网点类型、数目和主要的服务人群，填写调查表。

商铺类型	商铺数量	服务范围

3. 小组分工调查，通过各类商业网点数量及营业状况，判断其存在的合理性，并对不同服务等级的商业网点数量与居民群体的消费能力做合理评估。

4. 将以上调查资料结合起来分析，写出报告书。

【评价量规】

1. 将调查的商业网点按某一标准进行分类，说明同类商业网点集聚现象给商家带来哪些利弊（30分）。

2. 将各类商业网点按数量多少排序，比较服务范围，说明影响其布局的主要因素（30分）。

3. 对明水现有商业网点的数量和分布做评价并说明评价依据（20分）。

4. 对明水未来某个或某类商业网点的布局提出具体建议（20分）。

工厂参观与竞标

【课程标准】

结合实例，说明工业的区位因素。

【任务单】

1. 任务情境

投资方有1亿元资金，打算在当地投资建厂，要求项目方拿出好的竞标方案。

2. 参观考察任务单

（1）了解该厂（化肥厂、水泥厂、造纸厂、钢铁厂、鼓风机厂）的产品、经济效益、发展前景及对章丘经济的贡献。

总经理做讲解员

参观废水的处理

（2）了解这家工厂的原料（或零部件）来源和产品市场，了解生产工序、生产设备。

（3）了解这家工厂与哪些地区（或部门）存在生产、商贸联系。

（4）了解该工厂的发展优势、限制性因素和改进措施。

（5）调查其工业“三废”（废水、废气、废渣）排放情况，该企业采取了哪些措施，存在哪些问题，对环境有何影响。

厂长当老师

（6）思考如何处理经济效益与环境污染的关系？

（7）了解工厂操作安全隐患及安全保护措施。

（8）针对工厂生产过程中存在的问题，你有哪些好的建议？

（9）如何理解“经济的可持续发展”？

（10）个人感想。

3. 设计竞标方案

以小组为单位汇总资料，讨论设计竞标方案。

【评价量规】

1. 各组组长组成裁判组，制定得分细则并提前公示。每组发言后有5分钟的提问、答疑、点评时间。每提问一个问题或解答一个问题加5分。

2. 各小组课前上交竞标方案，竞标方案包括厂址选择需要考虑的区位因素、可能遇到的问题、解决的办法（50分）。

3. 小组成员分工合理，自然、社会、环境条件分别由不同小组成员陈述（50分）。

走进农场系列

【课程标准】

结合实例，说明农业的区位因素。

【活动目标】

通过参观各类农业园，了解农业生产的生产方式和管理手段，说明农业的区位因素。

【活动说明】

1. 安全问题：行程中加强时间观念，严禁打闹，注意自身安全。

2. 学习记录：认真观察，参观中认真听取老师的讲解，及时记录自己的收获及问题，多与老师和同学交流。

3. 成果展示：结合参观收获，上交小论文。

附一：参观章丘365鲜奶吧生产基地掠影

乳畜业属于现代农业地域类型，主要分布在西欧、北美及大城市周围。随着章丘经济的发展，我们逐渐喝到了章丘周围的奶源地产的牛奶。通过听工作人员讲解和实际观察，学生更直观地了解了奶牛的生长习性、挤奶过程、酸奶的制作过程……原来，生活处处皆地理，处处留心皆学问。

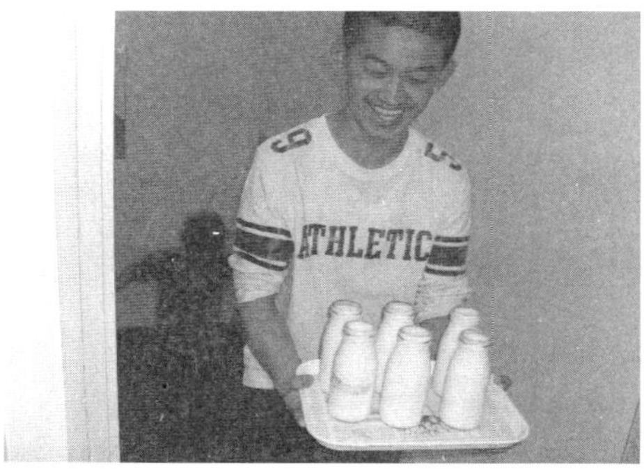

参观鲜奶生产基地

附二：考察草莓采摘园掠影

通过参观以草莓生产为典型代表的“有机农业生态园”，让学生了解现代农业的生产方式和管理手段，了解家乡农业生产的类型。

技术人员热情讲解

走在田间的小路上

“喝”牛奶的草莓

附三：参观寿光蔬菜基地掠影

农业观光园是发展现代农业的一种新思路，属于农业生产的体制创新。它的显著特点是以金融资本为基础，以科技为先导，以市场为导向，重点突出参与性、观赏性、娱乐性，充分体现农游合一。

寿光，被誉为“绿色硅谷”。2012年4月29日，我们一行人赴寿光参加了“菜博会”。

蔬菜的“飞天梦”

硕果累累

章丘可持续发展状况调查

【课程标准】

运用资料，归纳人类面临的主要环境问题，说明协调人地关系和可持续发展的主要途径及其缘由。

【实施方案】

1. 小组讨论，选定主题，制定研究方案。

2. 建议调查内容：该问题产生的原因是什么？目前的状况如何？对当地生态环境和人民生活带来了什么样的困扰？人们目前采取了何种措施？你认为可以采取什么样的措施来解决该环境问题？写出调查分析报告。

3. 主要研究方法：查阅资料、设计调查问卷、走访等。

4. 收集资料，参照调查论文模板，书写调查论文。

5. 时间：期中考试前。

【过程性要求】

1. 各小组每两周交一次活动记录；

2. 对所选择的主题要提供第一手资料；

3. 组织协调和研究费用与学校协商解决。

【调查采访】

1. 制定分组调查采访计划。由组长统一协调部署，确保小组成员分工合理。

2. 做好准备工作。带好相机、录音设备，准备好书面采访稿、调查问卷等。

3. 实地调查应注意礼仪和安全。

4. 采访时，应制定采访提纲，比如采访时间、采访地点、被采访人、采访内容等。

5. 汇总调查采访的资料，整理好录音、图片、采访文字等。

6. 写出调查采访报告。

【活动情况评价表】

项目	步骤	要求	分值	赋分
活动准备（20分）	1	小组人数适宜，成员的个人优势能互补。	5	
	2	确立的研究主题具有科学性、可行性。	5	
	3	拟定的活动计划科学、合理、细致、可操作性强。	10	
活动过程（40分）	4	活动中能相互配合，互相协作，积极出谋划策。	10	
	5	能根据实际情况及时调整活动计划，灵活处理突发问题。	10	
	6	收集的资料真实、可靠、有价值、多角度。	10	
	7	活动中注意安全、礼节，能很好地协调人际关系。	10	
成果展示（30分）	8	研究成果丰富、翔实、全面、系统，成果展示积极主动、见解深刻、具有感染力。	20	
	9	交流中能认真倾听，悦纳不同的观点。	10	

续表

项目	步骤	要求	分值	赋分
反思总结（10分）	10	能真实、细致地进行反思，发现问题，并提出改进的措施。	10	
总分				

班级__________ 自评人__________ 互评组__________

总分__________

【作业精选】

1. 纯净水纯净之探究
2. 章丘市（区）烤肠类食品所用小木棒处理情况的调查报告
3. 章丘水环境的调查报告
4. 白云湖生态湿地水质调查
5. “逃走”的啤酒瓶盖——关于啤酒瓶盖浪费的研究
6. 我们做得还不够——“限塑令”实施情况调查
7. 关于城市垃圾处理问题的调查
8. 章丘市（区）黄河乡美国白蛾防治情况调查报告
9. 室内植物对身体健康状况影响的调查报告
10. 关于“反烟”，我们要做些什么
11. 关于党校街小商小贩生活状况的研究
12. 交通安全状况调查

寒露

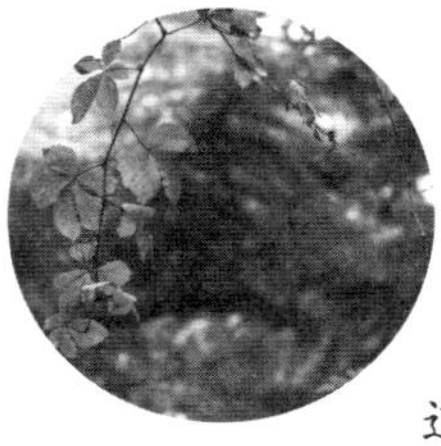

“凉蟾光满，桂子香飘远”，迷恋秋天的味道。桂花的味道，稻田的味道，细碎阳光的味道，衰草的味道，洋槐花的味道，泥土的味道，松香的味道，雨中柏树的味道，牵牛花的味道，青苔的味道，秋雨的味道，慵懒的云朵的味道，时光的味道——不知何时出现的能让记忆一下子回到从前的味道。此时，胡山的柏林中，从厚厚软软的落叶层中长出的植物绿得那样新鲜，它们在这落寞的秋天满溢着青春的味道。大千世界，各有各的味道，各有各的英华，各有各的安静与动荡。我心中一直有一种简朴的信仰：尊重世界上的每一种味道，不以世俗成见衡量一个人的灵光……

霜降

“蒹葭苍苍，白露为霜”，流云一结雁影，天便寒了。这是个“动荡”的时节，一波一波的冷空气带来冬的消息，北方树叶黄落，江南气温起伏，西北、东北已是“寒风落叶”的初冬，供暖开始了。这是个收藏的时节，秋意已暮，新冬将至，草木枯黄，谷物归仓，肉食动物开始捕获猎物过冬，蛰居动物开始藏进洞中不动不食进入冬眠状态，人也把自己裹进暖暖的衣服里。这也是个孕育的时节，生命是蓬勃的，更是坚忍的潜伏和调皮的转移，这个季节，万物沉潜，韬光养晦，静心等待来年的繁盛。这还是个神秘的时节，穿着暖暖长长的衣裙在汇泉路上漫步，在热闹的人群中，在陌生的街角，在夕阳将落未落的黄昏，在这冷风呼呼的黄叶飘落的北方……没有人知道，你心里的现场。

第四乐章　项目学习探索

任务清晰、指令清晰、产品清晰，把导、学、评有机结合起来，借助真实的生活情境，富有吸引力和挑战性的任务，让学习自然而然地发生。这样不断生长的『可见的学习』，会让人『上瘾』。

众说纷纭话项目

近些年，项目学习成为我国教育的热点话题之一。专家们关于项目学习的系统理论和高端培训，开阔了我们的视野，引领了我们的方向；但我们在付诸实践时，常常“拔剑四顾心茫然”。

发展背景

项目学习是基于现实世界的以问题为中心以学生为主体的教育与学习模式，项目学习的理论基础最早可追溯到19世纪末杜威提出的“教育即生活”“社会即学校”以及“做中学”理论。该理论指出，当学生能够投入到真实的、有意义的任务和问题之中，即模拟专家在真实世界的情境中做事时，学生才能对学习材料产生自己的理解。

20世纪90年代以来，世界各国的课程改革都把学习方式的转变视为重要内容。欧美诸国纷纷倡导“主题探究”与“设计学习”活动，如德国联邦职教所制定以行动为导向的项目教学法。它的特点是：把整个学习过程分解为一个个具体的工程或事件，设计出一个个项目教学方案，按行动回路设计教学思路，不仅传授给学生理论知识和操作技能，更重要的是培养他们的职业能力。这里的能力不仅是知识能力或者是专业能力，还涵盖了如何解决问题的能力、方法能力、接纳新知识的学习能力以及与人协作和进行项目动作（包括项目洽谈、报价、合同拟定、合同签署、生产组织、售后服务）的社会能力等。

十多年来，项目学习带来了一种学习方式的革命，它使学习者、教师、学习材料和学习环境这四大要素在教学中角色发生了根本性改变。学习者的学习由被动转为主动，教师从讲授者变成促进者，学习材料从讲授课本发展为让学生接触各种各样的学习资源，学习环境从远离学生实际生活变成贴近真实问题、真实情境。

该教学模式强调学习要围绕着真实、具体而复杂的任务和问题展开，鼓励学生自主学习、反思式学习，培养学生高级思维能力。如今，除了教育领域，项目学习也被广泛应用于医学、法学、管理学等众多学科领域。

以郑泉水院士为首席教授的清华大学“钱学森力学班”，近十年来一直以项目学习为主来培养学生的创新研究能力。其精髓体现在：以问题为导向，以学生为主体，以小组合作学习为方式，鼓励学习者置身于具体情境中，运用多学科知识来分析和解决问题，而教师只是参与者和指导者。

如今，项目学习被越来越多的基础教育者所关注。2014年，山东省对全体高中教师开展了“指向21世纪技能培养的项目学习与评价”专题培训。目前，很多学校也在尝试跨学科的项目学习。

什么是项目学习

先看看目前人们对项目学习的诠释吧。

有学者认为，项目学习需要复杂的任务，在基于挑战性问题的解决过程中学生进行设计、问题解决、决策或调查活动；整个过程中要充分发挥学生的自主性，项目学习最终以产品或者陈述等形式结束。美国巴克教育研究所在其著作《项目学习教师指南——21世纪的中学教学法》（第2版）中指出，项目学习是一套系统的教学方法，它是对复杂、真实问题的探究过程，也是精心设计项目作品，规划和实施项目任务的过程，在这个过程中，学生能够掌握所需的知识和技能。

我国有关教育专家认为，项目学习是在真实世界中借助多种资源开展的探究活动。项目学习通过设置驱动性问题、合作性探究、多元评价等环节，促进学生参与和通过真实情境进行学习，发展学生的问题解决能力，其教育目标直接指向提高“21世纪技能”和核心素养。

在我看来，项目学习就是教师布置一个主题，这个主题跟刚学过的知识紧密相关，并给学生提供丰富的资料、充足的时间、清晰的评分标准和时间表，让学生利用课堂或课后的时间，独立或合作完成对这个主题的研究，最后在班级内展示。它不是以往“教师讲，学生听”的被动的教学模式，而是一种学生主动参与、自主协作、探索创新的新型教学模式。

总之，真实情境、任务驱动、成果导向、高阶思维等是项目学习的基本元素。蕴含这些元素的项目学习，可以让学习从无聊到有趣，从无意义到有价值，从零散的知识点到重构整合的学习内容。

理论归理论，项目学习其实并不高深。

项目可以很高端，也可以很微小。记得一位二年级老师就布置了这样一个项目：设计一个模型，表达你对自由的看法。这个小项目只有两个指标：实物和文本。第一个上台展示的小男孩从书包里拿出一个托盘，里面有5个一模一样的球，他说："老师，选一个你喜欢的礼物。"老师表情疑惑地随便拿了一颗。男孩又从书包里拿出一个托盘，里面有各种各样的小礼物，他说："老师，选一个你喜欢的礼物。"老师认真地挑选了一会儿，最后选了一个蝴蝶发卡。小男孩郑重其事地说："老师，我对自由的理解是，没有选择权就没有自由。"

项目也不一定非要跨学科不可，我接触到的那些大大小小的有趣项目，大多是立足于本学科的培养目标。我认为，不是非得有多么复杂的任务，或者非得做成个什么产品，才算是项目；只要立足培养目标，让学生"卷入"学习之中，"卷入"深度思维，有外显的学习成果，不用非得纠结"这算不算一个项目"。

作家格洛丽亚·安扎杜尔说："如果没有行动，所有的言语都是噪声。"做就是得到，开始行动才是王道。

我们的实践

高中地理项目学习是依据国家课程标准设置，在实际情境和实践活动中进行的。

我们通过重构教学内容，开发了26个高中地理学习项目，初步构建了高中地理项目学习的课程体系。如针对《农业区位因素》开发的《我为世界优质农产品做代言》项目，针对《地球运动》开发的《不要遮住我的阳光》项目，针对《人口迁移》实施的《家族人口变迁史的调查》项目，等等。

大道至简。我们通过研究国外大量项目学习的案例，删除了不必要的枝枝节节，抓住项目学习开发与实施的三个关键：任务清晰（任务单）、指令清晰（评价量规）、成果清晰（作品展），进行项目学习本土化、课程化探索。

1. 任务清晰

我们依据课程标准和学生需求，把教学目标具体化，设置了项目学习任务单，从而使教学目标变得可评、可测、可观察。这是项目学习最重要的一环。

能否做好任务单的清晰设计，取决于教师对教学目标、教学结果能否准确把握。这意味着你对自己的目标有清晰的了解，意味着你知道教学要去哪里，从而能够更好地知道你现在的位置以及如何到达你的目标。

2. 指令清晰（评价量规）

在项目学习中，项目评价贯穿始终。因为，没有评价，学生不知该做什么；没有评价，学生不知该怎么做；没有评价，学生不知自己做得如何。所以，在项目学习中，评价先行，贯穿始终。

评价量规一定要简明扼要、易于实施，绝不是指标越多越好。太复杂，学生完成有困难还给教师增加负担。针对性强一点，实用性强一点，根据教学目标确定几个需要落实的指标就好，要记住“少即是多（less is more）”。

依据任务单，我们设计了清晰明了、易于实施的评价量规。评价量规和任务单一致，给学生清晰的要求、清晰的评分标准。

3. 成果清晰（作品展）

项目学习不仅提升学生的核心素养，更为教师的跨学科自由成长提供平台，真正从关注“教”变为关注“学”，让学生“卷入”深度学习，用个性、自主、尊重差异、思维自由破解同质化、被动、重复、低层次学习的魔咒。给学生平台，让他们展示学习成果，使学习成果清晰可见，做有“出品”的学习。

任务清晰、指令清晰、成果清晰，把导、学、评有机结合起来，借助真实的生活情境，富有吸引力和挑战性的任务，让学习自然而然地生发。这样不断生长的“可见的学习”，会让人“上瘾”。

立冬

一个季节谢幕，又一段岁月悄然登场。岁月的流沙，把嫩芽打磨成枯叶，把蓓蕾雕琢成籽实。年轮，刻下了又一个季节的沧桑。青蛙和刺猬，沉沉地睡进泥土，那般坚定地守候着下一个春天的到来。而众星和月光，依旧一次次地盛装出场，但人生，却不可以重来。是的，没有什么能够阻挡，长大，变老……在我开始不停地怀念从前的时候，在我知道自己是谁想要什么的时候，在我开始知道天很高地很厚的时候，在我开始心平气和地羡慕四处弥漫的青春的时候……在这个初冬的夜晚，一切守口如瓶。包括，那些没有说出的话，没有实现的梦想。

小雪

你在初冬的季节里去了，留下我在这个世界上跌跌撞撞……丛林深深的记忆里，你的笑容是一种刺痛。许多年许多年我不敢想起你，我无期无望的思念成了一片荆棘，在我最孤独的时候疯狂地刺痛我。风中的涟漪、水中的浮萍、木芙蓉梦幻般的花朵、春夏秋冬风云雨雪……它们每年都会如约而至，可没有一个带来你的消息。厚厚的梧桐树叶躺在初冬的黄昏里低吟，夕阳漫不经心地涂改着小路的颜色，以后的日子，金黄的，暗红的，百般寂寞，百般无聊。如果有时光机，我愿回到那个冬天以前，回到以前的以前，回到有你的日子。我可以走山路去找你，也可以走水路去找你，也可以坐火车坐飞机去找你，我愿铺一条最直最近或是最弯弯曲曲的路去找你……我最亲爱的奶奶。

走进项目学习课堂

2010年3月始，教育部基教司、人事司、师范司、国际交流司委托国家留学基金委从全国遴选15名中小学教师赴美研修，以跟踪了解美国中小学教育改革发展状况，学习先进的教育理念和教学方法，不断改进我们的教育。

“做中学”

2010年10月，通过层层选拔，我幸运地被国家留学基金委录取为教育部首批中小学教师赴美访问学者。该项目的具体施行是由东西方中心夏威夷总部负责安排的，同时，它还是教育部第一个面向中小学理工科教师的海外研修项目。

从夏威夷州到俄亥俄州，从纽约州到马萨诸塞州，我以一名中国普通教师的身份入住美国家庭，深入美国中小学校，通过课堂观察、专题访谈、问卷调查、影随实践等方式开展访学研修。从2010年11月28日至2011年5月31日，我参观了十几所学校，听课400多节，涉及30多门学科，写下了50多万字的访学笔记，推开了一扇我从未触碰过的窗，尽我所能地寻找着最真实的答案。

扑面而来的项目学习

在美国，教学活动最显著的特征之一是以项目为基础的学习，即所谓的“Project-Based Learning”。学生从小学三年级就开始做项目。“我们这周做项目”“我们这周做项目展示”是在校园中常听到的一句话。

科学课上的项目学习

在美国研修的半年中，我观察的每一个学科教学都有若干个项目。比如七年级科学课上的“降落伞”项目，八年级科学课上的“消化系统疾病”项目，九年级物理关于“复杂机械”“老鼠夹驱动小车”项目，高级化学课上的“元素”项目，高级物理课上的“火箭”项目，高级基因课上的“遗传病研究”“认识我们身边的植物”项目，等等。

因为有了项目，美国的课堂多了一个特征——学生作品高产。教室里到处可见学生的作品，几乎每个项目结束后教室里就会换一种面貌，常听老师们说起教学中的烦恼之一就是不知道往哪儿放这些“宝贝”，因为课堂上实在是有太多“产品”了。

看似松散随意的课堂却可以生产出如此之多的奇妙之作，这难道不是项目学习的优势所在吗？项目学习不但给学生提供了应用所学知识的平台，更是培养了学生的创造性思维和实践能力。作品被老师收藏或张贴，学生的自信心和学科兴趣也在不知不觉中培养了起来。

比如八年级科学课上关于生态系统的项目，老师要求学生以一个国家公园为研究对象做一个关于这个国家公园的海报。海报要求有这样一些相关信息：公园的地理位置、气候特征、该生态系统的食物网（每个营养级不少于三种生物）、人类活动对该国家公园的影响、如何尽量消除这些影响等。

“我的神奇之旅”项目

设计一个项目要花费老师不少心思。比如给学生提供哪些信息资源，针对项目实施过程中学生可能出现的问题需提供哪些背景知识，前期需要做哪些准备，项目需要具备哪些要素以及每个要素给分的维度，等等。

每次做项目，教师都会下发有关资料：

（1）项目的要求（包括海报格式、需涵盖的内容、信息说明等）。

（2）项目的时间表（每天要完成的进度、上交时间、在全班同学面前展示的时间）。

（3）评分标准（哪些方面及每个方面的权重）。

针对每个要素教师都要规定严格的得分标准，还要让学生自己打分，同伴相互打分，教师打分……再根据各项权重得出最后得分。

这种学习方式不仅很好地培养了学生查阅资料、处理信息的能力，促进学生将所学知识和自我实践相结合，还给学生的自学和创新提供了很大的空间。更重要的是，这样的学习方式照顾到了不同学生的学习水平和效果；这样获取的知识，学生不仅能深刻理解，记忆也是最牢固的。

拯救濒危动物项目

2011年3月21日至4月1日，这几天的上午我都去听瑞塔·史密斯（Rita Smith）女士八年级的科学课。史密斯是公共健康专业的硕士，曾在大学任教。她说自己喜欢孩子，非常享受跟孩子们在一起的时光，但也希望某一天能再回大学读医学博士，成为公共卫生方面的专家。

那次的学习任务是关于濒危物种的幻灯片制作及展示。

史密斯和她的学生们

制作生态系统海报

项目布置

选择一种濒危物种做一个幻灯片展示，展示必须包括以下内容：

1. 至少两张濒危物种图片（At least two pictures of the endangered species）。

2. 濒危物种的学名和俗称（Scientific and common name of endangered species）。

3. 列出它的食物来源、天敌，描述其栖息地（List of it's food sources，predators and a description of it's habitat）。

4. 该物种濒危的原因（Reasons why your species is endangered）。

5. 人们拯救该濒危物种的措施和行动（Solutions that humans are using to try to save your species from being endangered）。

6. 资料来源：至少包含一本书和一个网站，注明图片和信息来源（Include at least one book source and one online source，please remember you must have citations for your pictures as well as your written information）。

*记得做幻灯片时要用你自己的语言来传递信息。（Make sure that you are sending the information in your own words.）

项目评价量规

濒危物种项目展示评价表（Endangered species PowerPoint Rubric）

姓名（Student name）____________________

濒危物种（Endangered species）____________________

项目内容及赋分选择	得分（Point）
两张以上濒危物种的图片（Two or more different pictures of endangered species） 0　　3　　5	
濒危物种的学名和俗称（Scientific and common names of species） 0　　3　　5	
濒危物种身体特征的详细描述（Detailed physical description of the endangered species） 0　　5　　10	
列出它的食物来源、天敌，描述其栖息地（List of food sources, predators and a description of habitat） 10　　15　　20	
该物种濒危的原因（Reasons why your species is endangered ） 10　　15　　20	
人们拯救该濒危物种的措施和行动（Solutions that humans are using to try to save your species） 5　　7　　10	
专题陈述的总体表现（Work cited, overall effort and presentation） 5　　7　　10	

项目展示

2011年3月31日，有一节是项目展示课。课堂设有陈述时间，还有提问环节。每一组学生展示前，教师都会发打分表，老师和全班学生一起打分。

项目展示

第一个上来展示的是艾玛（Emma），她介绍的是北极熊。她展示了包括北极熊的生活环境、重量、习性、为什么濒危、全球变暖对北极熊的影响、人类可以采取什么样的措施保护北极熊等内容。

第二个上场的安娜（Anna）做了关于白虎的陈述。语言幽默，教室里不时传出笑声，只是幻灯片的颜色有点灰暗单调，字体又小又密，不够赏心悦目。

接下来蕾切尔（Rachile）做了关于大熊猫的幻灯片展示，大家对此很感兴趣。记得在法利小学介绍中国文化时，学生就追着问我大熊猫多重、大熊猫能活多少年等问题。

穿红衣服的再克（Zack）关注的濒危动物是埃及龟。他看上去心理年龄比较小，是个特别聪明的孩子，善于思考和提问，常常难倒老师。在展示结束后的现场提问时间，他对答如流。

每次看到学生落落大方地站在讲台上展示自己的研究成果，或将自己展示于走廊墙壁上的作品自豪地与同学分享时，我都无法用“教学组织松散”“课堂效率不高”这样的话来评价他们的课堂。

历史大事年表

很多美国人认为，他们的批判性思维始于中学的历史课。当历史老师引入多种角度的叙述时，如“从黑人角度看美国的‘大熔炉’”，“从印第安人角度看‘西进运动’”……你对问题的认识就会越来越理性而深刻。

在计算机教室做项目

2011年4月18—21日，这几天上午的第三节课，我去听特瑞（Dan Taray）老师的“AP美国历史”。

这周他们研究的是“动荡的20世纪60年代”（Turbulent Sixties）。要求学生搜集20世纪60年代排名前二十位的动荡事件，如“马丁·路德·金被暗杀”“女权运动”“反文化运动”“肯尼迪总统遇刺”等，然后用视频、图文资料演示并制作一份历史大事年表，以更好地了解那段历史和那个年代。

两人一组合作研究

1. 项目背景

在美国史第31章中引用了布林克利教授的一段话：20世纪50年代末的不安定因素致使60年代成为20世纪最为动荡的年代。（In the introduction to American history，chapter 31，professor Brinkley states that the restlessness present in the United States at the end of the 1950s "would make the 1960s one of the most turbulent eras of the twentieth century".）

2. 任务

（1）收集资料并制作一份20世纪60年代排名前20位的动荡事件的历史大事年表。相关事件可在本章节的大事年表中选择，或利用网上资源，最好两者结合。作品必须包含对每个事件的简单描述（最少2句话），并且说明你选择这个事件的理由。[Your assignment is to collect a list of the "top twenty" turbulent events of the 1960s. You may select your events from the timelines at the beginning of the chapters，internet sources，or preferably，a combination of both. You must also include a brief description of the event（2-3sentences minimum）and be able to defend each selection（tell why you feel it belongs on the list）]

（2）一定要注明材料来源。（Be sure to parenthetically document of your sources.）

（3）可使用视频、幻灯片、剪报等形式来尽显你们的创造力。[Feel free to be creative with your method of presentation（IE.

scrapbooks，video presentations，PowerPoint，etc）]

3. 项目要求

（1）利用照片或20世纪60年代风格的艺术品来增强历史大事年表的吸引力（Use photographs and/or 60s style art work to make your list visually appealing）。

学生制作的剪贴本《动荡的60年代》

（2）最多与两人合作（You may collaborate with no more than two persons）。

（3）4月21日离校前上交（hand in before you leave class on April 21）。

（4）最终作品75分（75 points for final product）。

（5）过程分 25分（25 process points for staying on a task）。

（6）你至少有两节课的时间在计算机教室准备该项目［I will provide at least two class periods（in the computer lab）for you to work on this assignment］。

我还看了特瑞老师本学期的教学计划，他为学生设置了不少“文史组合”的作业项目。如历史人物专访，给历史人物写颂文，给一部历史电影写影评，给一部历史书写书评，书写历史假设文章（假设某段历史中的一个事件没有发生将会产生什么结果），制作某个历史年代的海报（如制作第一次世界大战期间的征兵海报）等。

这些教学计划让我疑惑：这究竟是历史课，还是作文课？特瑞老师告诉我，他想通过这种方式让学生走进历史，学会发现和鉴别事实真相，学会坚持对事物进行严谨地分析，寻找证据表达自己思想，以培养学生的批判性阅读和分析能力，使学生能够理性地认识历史问题和道德问题，而不是一味地接受他人的观点。这也是“AP美国史”课程的教学目标，这门课大学承认学分。

心理学的分支

我还去听了一节绪论课，教学内容是介绍21世纪的心理学分支，教学目标是让学生了解心理学研究的各种分支。乍一看，内容枯燥，目标笼统、模糊。换作我们的很多老师，一般是让学生背诵并简单举例，但问题是，这样并不能确定学生对心理学的分支是否已了解。

有办法突破吗？

艾伦老师的做法让看似笼统的、隐性的教学目标变得可评、可测、可观察。只要学生做了这个项目，自然就达到了教学目标，否则无法做该项目。这就是项目学习和评价的魅力吧！

下面是艾伦老师关于该项目的要求：

1. 2～3人一组，选择你能想到的过去或现在最怪异的名人。

2. 跟你的小组运用头脑风暴的方式列举怪异名人的怪异行为。

3. 小组合作从以下心理学分支中选择六个心理学的视角来解释怪异名人的行为表现：认知心理学（Cognitive Psychology）、生物心理学/神经学（Biological Psychology/Neuroscience）、社会文化心理学（Social-culture）、行为心理学（Behavioral）、人本心理学（Humanistic Psychology）、心理动力学（Psychodynamics）、行为遗传学（Behavioral Genetics）、进化心理学（Evolutionary Psychology）、积极心理学（Positive Psychology）。

4. 你的解释可以如怪异行为本身一样荒谬，只要适合这个视角即可。

5. 每小组需使用统一格式上交作业。

6. 本次作业15分。

整齐度（打印、易于阅读、正确的格式等），2分；

名人简介和名人的怪异行为介绍，2分；

每一种心理学视角的相关解释1分，共6分；

语法、用词、标点符号等，2分；

作业的创造性，3分。

这样有趣而规范的项目设置让我不得不佩服教师的用心。一周后，学生上交并展示的作业更让人大开眼界。一起看看其中一组学生的项目展示吧。

怪异的篮球名人：丹尼斯·罗德曼

名人介绍和怪异表现：丹尼斯·罗德曼是一位著名又怪异的篮球明

星，有“篮板王”的美誉，也有“假摔”的小伎俩——对方稍有接触，他就像火箭一样飞出。另一方面，他的乱发脾气、穿女性的衣服、不断地变换头发颜色、花哨文身等怪异行为与他的抢篮板技术同样闻名。

心理学课堂上的小组讨论

1. 从神经学的角度：可能丹尼斯·罗德曼体内雌性激素水平比较高，所以他觉得自己应该穿女性服装。

2. 从进化心理学的角度：丹尼斯·罗德曼高大且有运动天分，是自然选择的结果，他的祖先应该是高大并善于运动的。他的“异装癖”是一种基因传承的变异。

3. 从行为遗传学角度：我们应该测试丹尼斯·罗德曼的遗传背景，看看他的行为是来自他的家庭环境还是NBA的环境。

4. 从心理动力学角度：在丹尼斯·罗德曼的童年时代，由于家里很穷，他没能在万圣节像其他孩子那样穿上怪异的服装挨家挨户要糖果，这给他留下了精神创伤。他如今穿着过分怪异，不过是在过度补偿童年时失去的东西。

5. 从行为心理学角度：丹尼斯·罗德曼的爸爸和爷爷都是“异装癖”，并且喜欢打理他们的头发，这种行为也影响了丹尼斯的一生。

6. 从认知心理学角度：丹尼斯·罗德曼想表达他在NBA篮球队中

的重要作用，他需要以此来吸引人们对其球队的关注。他认为怪异服装、花哨的发型、抢眼的文身会使他的球队获得积极关注。

7. 从社会文化心理学角度：或许在NBA文化中，这些行为是正常并且被广泛接受的，所以丹尼斯·罗德曼相信他的那些怪异行为并不过分。

比起一口气背诵出来心理学的各个分支，这样的学习是不是更深刻、更有魅力呢？

大雪

这个季节有太多的落寞，所有的故事都在褪色，风摇着树枝上的太阳和我一起挥手，没有人知道它的不舍。这是一个适合休养生息的时节，阳气潜藏，阴气渐盛，西风萧索，万木凋零，每天早早到来的夕暮，让人心中充满了感伤。这是个万物收藏的季节，小麦休眠了，萝卜、白菜窖藏了，青蛙、刺猬沉入泥土。还有，那些没有说出的话，没有实现的梦想……雪，覆盖了一切。

冬至

日南至，日短之至，日影长之至，故曰冬至。这是个寒冷的季节，也是个温暖的节气。裹一身寒气进屋，一下子就被温暖的气息包围，从脚尖一直暖到发梢。“人间烟火气，最抚凡人心”，热腾腾的饺子一上桌，心都要暖化了。“绿蚁新醅酒，红泥小火炉。晚来天欲雪，能饮一杯无？”彼时，香山居士的草堂里，家酒新熟，炉火炽热，好友将至……对我，冬至是热腾腾的饺子，是白日里阳光明媚的窗，是黑夜里温暖的灯火，是昼开始变长时心中的喜悦，是三五好友相聚时的欢声笑语，是葱茏青春最初的记忆和怀念，是似水流年里的甜蜜和感伤，是无人的空街，是静静的落雪，是心底的柔软、牵挂和眷恋……还有你的微笑，一如当年。

项目开发与实施

十多年来，我们依据国家课程标准，重构教学内容，开发设置了26个高中地理学习项目，通过任务清晰、指令清晰、产品清晰三大核心环节，把导、学、评有机地结合起来，确保了教学目标的实现。

下面以《我为世界优质农产品代言》项目为范本完整展示项目的开发与实施过程。

我为世界优质农产品代言

【课程标准】

结合实例，说明农业的区位因素。

【任务单和评价量规】

电子商务和现代物流的发展，极大地满足了我们对饮食多样化的需求，让我们足不出户就可以品尝到全国乃至全世界的美食，尤其是新鲜的优质农产品，如麻阳冰糖橙、阿克苏冰糖心苹果、六鳌红蜜薯、智利车厘子、加拿大北极甜虾等。你听说过或品尝过哪些名闻天下的优质农产品呢？请选择一种进行项目研究。

师生共同设计任务单和评价量规。

《我为世界优质农产品代言》项目任务单

小组成员	研究任务
全体	1. 小组讨论，确定一种优质农产品（国内外均可）及这种优质农产品的主要产区。
个人	2. 上网查阅资料，归纳该农产品的产品特色。
个人	3. 上网查阅资料或实地调查，归纳总结该农产品产区的自然地理特征。
个人	4. 上网查阅资料或实地调查，了解这种优质农产品的栽培方式、生长习性、生长时间、农业技术措施等。
个人	5. 上网查阅资料或实地调查，了解这种优质农产品的销售及运输方式。
全体	6. 资料汇总，讨论哪些因素影响着该优质农产品的生产、运输及销售。
全体	7. 制作代言广告（形式多样）。

《我为世界优质农产品代言》项目评价表

展示小组____________________

农产品名称____________________

项目内容及赋分	得分
优质农产品及其主要产区。（10分）	
该农产品的特色。（10分）	
该农产品产区的自然地理特征（气候、地形、水源、土壤等）。（30分）	
该农产品的生长习性、生长时间、栽培方式、农业技术措施等。（30分）	
该农产品的生产、销售及运输方式。（10分）	
代言广告的制作（体现产品的地域特色、创意表达）。（20分）	

续表

项目内容及赋分	得分
提供资料、信息来源和相关网址。（10分）	

总分___________

【项目实施】

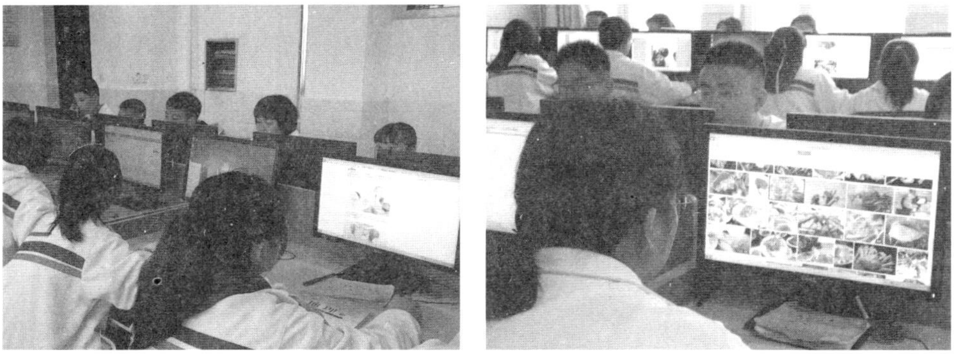

在计算机教室做项目

【项目展示与评价】

说明：展示阶段，可以每组展示完毕后，全班同学和教师依据评价量规打分。但是这样会使展示时倾听的效果大打折扣。所以，我简化了展示时的要求：每组展示完毕，随机找同学点评，说出这组同学的展示最打动你的是哪一点。

展示要求：

① 展示方式各小组自己决定，可以全组分工，也可一人为主，其他同学补充。展示时要面向全班同学，有眼神交流，时间不超过5分钟。

② 每一组展示时，其他同学要认真倾听。倾听的要求：身体坐

直，眼睛注视着讲话者。

③ 每组展示完成，随机找同学点评，说出你对展示小组印象最深刻的一点。

备注：小组合作中，谁都不是旁观者，要做好小组分工。有了分工，才会有责任；有了责任，才会有担当；有了担当，才会有成长。

项目展示

【成果汇总及发布】

各小组将项目展示电子稿（绘画作品拍照）上传，成果以板报、校刊等形式展示，或在校园网上发布。

荔枝

2018级一班1组

赵子远　金　萱　师皓颖　尹玉婧　闫梓芮　牛潇涵　李登科

一、认识荔枝

（一）初识荔枝

荔枝是一种具有红色的“鳞状”外壳、白色凝胶状的果肉，味道酸中带甜，小伙伴们十分喜欢的水果。

（二）深入探究

1. 温度需求

温度	−2℃	8℃	17℃	23℃	30℃
生长状况	死亡	几乎不生长	生长缓慢	正常生长	生命力旺盛
开花情况	无	几乎不开花	开花	开花	开花
产量	无	无	较少	正常	丰富

2. 对降水与土壤的要求

土壤酸碱度	pH 1.5	pH 5.2	pH 6.8	pH 11.0	pH 13.9
生长状况	死亡	旺盛	正常	死亡	死亡
年降水量	0 mm	100 mm	800 mm	1 500 mm	1 800 mm
生长状况	死亡	死亡	生长缓慢	正常生长	生长旺盛

二、荔枝的故乡

（一）荔枝原产于中国，多产于10° N ~ 30° N范围内，以广东种植居多，贵州、台湾等地也有少量种植。

（二）荔枝在世界范围内也有栽培，如印度、南非、美国、毛里求斯、马达加斯加及泰国等地。不难发现，这些地区均有温暖湿润的气候和适宜其生长的酸性红壤。

三、发展历程

在两千多年前的西汉时期，就已经有种植荔枝的记载。那时的人们将荔枝称作“离支”，因为他们发现，若这种水果离开了枝叶，它的保质期就会缩短。《本草纲目》记载：“按白居易云：若离本枝，一日色变，三日味变。则离支之名，又或取此意也。”大约从东汉开始，“离支”开始写成“荔枝”。

荔枝在17世纪末从中国传入缅甸，一个多世纪后传入印度，后传入美国的佛罗里达、加利福尼亚等地，1870年左右传入马达加斯加等非洲国家。1873年，中国商人将其传入夏威夷。如今，荔枝在东亚、东南亚以及美国南部、非洲南部等地区均有种植。荔枝味甘、性温，有补脑健身、开胃益脾、促进食欲之功效，是一种享誉海内外的水果。

荔枝

四、如何运输

如果用一个词来形容荔枝，“娇气”是最合适不过的了。杨贵妃生于蜀地，喜食荔枝。唐玄宗为了取悦她，命令将南方的荔枝快马运往长安。有诗云：“长安回望绣成堆，山顶千门次第开。一骑红尘妃子笑，无人知是荔枝来。”

荔枝的果实不耐贮藏，不能长时间忍受高温的环境，那么如何长距离运输呢？现在人们通常用这四种方法：低温运输、常温运输、泡沫箱包装运输、集装箱运输。

五、荔枝的栽培

（一）土地：荔枝大部分是种在丘陵、坡地，这些土壤通常有机质含量较少、土层较浅、保水保肥能力差。所以，如不注意管理，荔枝的生长发育将受到严重影响。

（二）施肥：在种植一个月左右便可以施肥，在栽培2~3个月后可增加肥量。

（三）浇水、灌水、排水：水分是荔枝树体的重要组成部分。幼年荔枝树根少，受表土水分变化的影响大。在土壤干旱、大气干燥的条件下应注意淋水保湿。雨季防止植穴积水下沉，植株宜适当抬高植位以利其正常生长。

（四）病虫害的防治：荔枝所遭受的病害主要有荔枝霜疫霉病致使果实腐烂或脱落，炭疽病使叶片变黄、干枯。荔枝所遭受的虫害主要有荔枝椿象、荔枝蒂蛀虫、荔枝小灰蝶、龟背天牛、荔枝瘿螨、荔枝叶瘿蚊。防治病虫害需及时购买相应的化学药剂，合理施肥，保持区域内的干净整洁。

帝王蟹

2018级一班3组

刘锡童　尚永基　张琼文　李春雨　张鲁晨　刘子骏　王奕飞　李金玥

一、什么是帝王蟹

帝王蟹又名石蟹或岩蟹，即石蟹科的甲壳类，它们主要分布在寒冷的海域，因其体型巨大而得名，素有“蟹中之王”的美誉。帝王蟹属于深海蟹类，生存深度可达850米，适宜的生存水温在2℃～5℃。

2011年9月，在位于南极洲近海大陆架下850米的一处泥床盆地，科学家发现超过100万只巨型帝王蟹。科学家称，这种外来大型食肉动物的出现，可能是南极海域一场生态浩劫的最初迹象。

二、帝王蟹的繁殖

帝王蟹的繁殖速度惊人，每年每只母蟹可产近万只成活小蟹。帝王

蟹一般每年的四月至六月在浅滩产卵。一般来说，在一只帝王蟹30年左右的生命中，可生育期为四年，卵的孵化比例大概为16000/80000粒。

三、帝王蟹的营养价值

吃过帝王蟹的朋友都会对它念念不忘，因为它的口感特别独特，而且肉质非常细腻，尤其是清蒸之后的帝王蟹，更是把它鲜美嫩滑的肉质展现得淋漓尽致。每100克的蟹肉中含有的热量只有95千卡，所以不用担心肥胖的问题。帝王蟹中蛋白质含量非常高，不仅可以满足人体正常的营养需求，还能够促进食物的消化和吸收，对身体有很好的滋补作用。

四、捕捞帝王蟹

帝王蟹是令人垂涎的商业捕捞蟹种，也是单价最高的甲壳动物之一，并非因为它们稀有，而是难以捕捞和运输。帝王蟹栖息的海域自然环境恶劣，可供捕捞作业的窗口期很短，寻找蟹群需要声呐定位。捕捞帝王蟹使用的是钢架尼龙网做成的蟹笼，用鲱鱼或鳕鱼块做诱

帝王蟹

饵，并需要重型的捕捞机械才能将它们放到200米以下的海底。

捕捞上来的帝王蟹必须活体运输，因为煮熟冷冻会严重影响它们的口感。硕大的体型带来了极其高昂的物流成本，既要避免它们相互挤压又要防止低温冻裂蟹壳，渔民们甚至为此发明了监测帝王蟹心率的仪器，这一切都注定了帝王蟹高昂的价格。

加拿大北极甜虾

2018级一班4组

李文奇　朱文欣　石希悦　王英宜　杨亚群　高素勤　栗建佩　王晨辉

一、主要产区

北冰洋和北大西洋海域，加拿大纽芬兰岛外海、拉布拉多海，丹麦格陵兰岛西部海域。

二、产品特点

1. 纯净海水中生长，无污染。

2. 肉质紧实。

3. 富含优质蛋白质、不饱和脂肪酸，以及铁、锌、钙等微量元素。

三、生存环境及繁衍

1. 正如其名，北极甜虾生活在2℃～6℃的天然、冰冷、清澈、无污染的水域中。

2. 生长速度缓慢，长到商品规格需要3～4年时间（一般的养殖虾长到商品规格只需要3～4个月时间），因此肉质紧密；个体比一般暖水虾小，平均规格在每千克120～150头。

北极甜虾

四、销售范围

世界各地的消费者对北极甜虾交口称赞。中国是北极甜虾重要的进口国，每年进口3万吨左右的优质北极甜虾。

五、技术措施

1. 捕捞工具：捕捞北极甜虾需要准备一艘特制的大船，船的重量有上万吨，这样才能有效预防海洋上出现的各种情况。因为是在冰冷的深海作业，捕捞北极甜虾的工具也是特制的机器渔网。

2. 过程：为了保障北极甜虾的质感和鲜美，需要把捕捞上来的北极甜虾立即煮熟，再将煮熟之后的虾快速进行冰冻储存，以充分保证虾肉的鲜美和口感。

六、运输方式

煮熟、冷冻后的北极甜虾，被装上冷藏集装箱船运到世界各地。

七、影响因素

自然因素：捕捞北极甜虾还得看月份。7月份的北极甜虾最佳，因为正值产籽，营养最高，肉质最鲜美，当然价位也最高。

经济因素：距离较远，运输成本较高。

冠县鸭梨

2018级四班7组

戚芯雨　张维纬　刘佳　王文婷　张东冉　李中正

一、主要产地

山东省冠县地处华北平原南端，百里黄河故道贯穿南北。冠县鸭梨生产历史悠久，面积广阔，有“鸭梨甲天下”之称，是中国著名的“鸭梨之乡”。

冠县鸭梨

相传，汉代以前，这里的人们就利用桑树嫁接种植梨树。据调查，该县东北部黄河故道边的梨园里有很多树龄上百年甚至数百年的老梨树，其中清康熙八年（1669年）王氏栽植的一棵鸭梨树生长于兰沃乡韩路村，已有三百多年的历史，树高12米，冠幅19米，树干周长3.6米，仍枝繁叶茂，年产鸭梨2000余千克，被称为“梨树王”。

二、产品特点

1. 含糖量高。细致修剪，精耕细作，增施有机肥，是形成冠县鸭梨含糖量高的人文因素。

2. 耐贮性强。冠县鸭梨可贮藏到翌年5月份。其耐贮性强的主要原因是深翻改土、增施有机肥健壮了树体，增加了果实的硬度；其次是严格实施病虫害防治，严格控制采收时期和避免采收过程中的机械损伤。

3. 皮薄、石细胞少。冠县较早地实施了果实套袋栽培，减弱了果皮木栓组织的形成，加速了果实石细胞的转化。

4. 果实色鲜、汁多。冠县鸭梨树主要生长在沙壤土上，土质疏松，通透性强，对光有反射作用，增强了树体对光的利用率和碳水化合物的形成；实施套袋栽培、科学灌水、配方施肥及控冠开窗修剪等措施，对果实的外观品质和内在质量的保证起到了良好作用，使果实色鲜、汁多、味甜。

三、自然地理环境

1. 地质地貌

冠县所处的鲁西北平原，系华北平原的一部分，其地势开阔平坦，但略有起伏，一般自西南向东北倾斜。历史上黄河不断改道、决口，在冠县一带淤积沉淀了大量泥沙等物质，形成了岗、坡、洼相间的微地貌。

2. 土壤条件

冠县境内土壤类型分潮土、盐土、沙土，表层质地有松沙土、沙壤土、轻壤土、中壤土、重壤土等。

3. 气候特征

冠县地处中纬度，年平均气温13.3℃，年均降水量549.9毫米，年均相对湿度66%，四季分明。年均日照时数2454.3小时，年无霜期日数198～227天，9月份的昼夜温差达10℃。充足的光照，较大的昼夜温差使冠县鸭梨含糖量高。

4. 水文特征

境内河渠主要有漳卫河、马颊河、京杭运河（位山三干渠）及漳卫河水系的长顺渠、一干渠、二干渠、三干渠、四干渠、鸿雁渠、青年渠等7条骨干渠道，古黄河也从境内穿过。有充足的灌溉水源。

四、栽培方式

1. 苗木培育：以杜梨为砧木，以鸭梨优树上枝芽为繁殖材料，嫁接培育优质壮苗。

2. 栽植密度：每667平方米定植≤55株。

3. 施肥：每667平方米施入2000千克以上有机肥，混入适量化肥。

4. 花果管理：花期授粉，合理负荷，保留1至3朵花，保持鸭梨果型。采收期：用于长期贮藏的可于开花后150天左右采收，用于短期贮藏和直销的可于开花后160天左右采收。

五、销售及品牌建设

冠县鸭梨内销上海、天津、辽宁、黑龙江、湖北、湖南、广东、广西等省市，外销东南亚各国。

为满足国内外市场对鸭梨优质、无公害的要求，冠县采取公司加基地、基地连农户的管理形式，并引进外资，建立了以产前、产中、产后规模化、高标准出口基地。冠县还着力拉长果品产业链条，建成恒温库、气调库30多座，并建立了多处果品加工企业，促进了鸭梨的加工增值。

六、代言广告

味甜汁浓且多

冠县鸭梨

大家都爱吃的梨

代言宣传画

家族人口变迁史调查

一切，刚刚开始。带上你美好的心情，回到家乡，用智慧寻找湮没在流年中的辉煌，用实践丰富我们的人生历程吧。

《必修二　第一章　人口增长与迁移》项目学习作业

【课程标准】

运用资料，描述人口迁移的特点及其影响因素。

【任务单】

调查自己家族（3~4代）人口增长与迁移情况，了解自己家族人口变化的特点，并试着分析产生变化的原因。

1. 制定一个关于家族成员（包括已逝成员）情况的调查计划。

2. 调查家族中每对夫妇的生育数、孩子存活率、寿命、出生地、迁移经历、受教育程度及每代人的生活水平。

3. 统计家族每代人的人口数，在中国行政区图上绘制人口迁移路线图。

4. 比较各代人口增长与迁移的特点及原因，撰写调查报告。

追忆逝水流年

【项目成果展示与评价（部分）】

我的家族之源

——姓氏的来源及家族的迁移

2009级2班　邱晨

姓氏来源

邱（丘）主要以地名为姓氏，一支出在今山东，一支出在今河南。

在东汉应劭的《风俗通义》中载：“丘氏，齐太公封于营丘，子孙以地名为姓氏。”齐太公是齐国的缔造者，本姓姜，名尚，以辅佐周武王灭商之功被封于齐，建立齐国，都营丘。据《史记·齐太公世家》载，齐国传至第六位君主胡公，徙都薄姑（今山东博兴县东南），吕尚的子孙有一部分留在营丘，后来以地名为姓氏，就是丘氏。

丘姓写作“邱”，原因有二：一是古代用作地名的丘，有时也写作

“邱”；二是因为避孔子的名讳。清雍正三年（1725年），朝廷发出通知：除“四书五经”外，凡遇“丘”字，一律加“耳”旁为“邱”。清末民初，诗人邱逢甲倡议恢复本姓，并以身作则改“邱”为“丘”，得到在闽、粤的族人响应，但仍有沿用“邱”字者。于是，形成邱、丘二姓并存的局面。

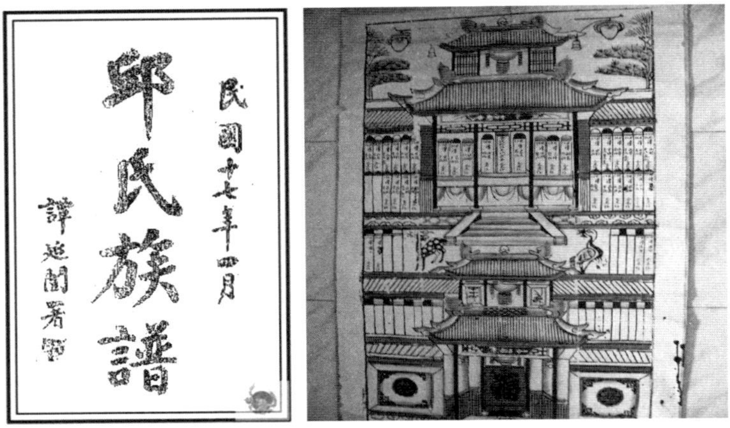

我家的家谱和家谱轴子

族中名人

丘濬：琼山（今属海南省）人，明代文渊阁大学士。廉洁持正，嗜好读书，熟知典故，著《大学衍义补》等。

丘灵鞠：吴兴人，南齐长沙王车骑长史。才华横溢，有文集《江左文章录序》传世。

丘行恭：洛阳（今属河南省）人，唐代大将军。

丘光庭：吴兴（今属浙江省）人，五代十国时学者。坚持元气论，并据此解释潮汐成因及世界的物质统一性，著有《海潮论》等。

丘处机：登州栖霞（今属山东省）人，道教全真道北七真之一，亦为龙门道创始人，成吉思汗尊其为“神仙”，著作有《大丹直指》《摄生消息论》《石番溪集》等。

丘逢甲：广东省蕉岭人，近代爱国诗人、政治家。其诗多爱国篇，著有《岭云海日楼诗钞》。

邱象升、邱象随：清代江苏山阳（今淮安）人，兄弟二人皆吏，以诗文闻名，并称“二邱”。兄有《南斋诗集》《白云草堂集》等，弟有《西山纪年集》。

邱心如：江苏省山阳（今淮安市）人，清代女作家，晚年曾设帐授徒，著有长篇弹词《笔生花》。

邱远才：广西人，太平天国“淮王”。作战勇猛，有“邱老虎”之称，同治七年（1868年）三月，在冀中饶阳战役中阵亡。

邱宝仁：福建省侯官（今福州市）人。早年考入福州船政学堂学习驾驶，后任北洋海军左翼前营副将，在与日舰激战的黄海一役中，退守威海卫，所乘“来远”舰遭敌偷袭，其下落不明。

邱少云：四川省铜梁人，中国人民志愿军一级英雄。在抗美援朝战场上，受命与战友们潜伏于敌营附近，后不幸被敌燃烧弹之烈火烧身，为了不暴露部队埋伏地点，忍受剧痛，丝毫不动，最终壮烈牺牲，年仅二十六岁。

据报道：邱姓是当今中国姓氏排行第77位的大姓。

我的想法

对于姓氏、族谱、辈分，现在人们越来越不讲究了，我的父辈们都有一样的辈字“承”，听祖母说我的辈字是“贻”，但父母并没有按这个给我起名字，我也不知道辈字是什么讲究或是什么规律，各堂姐妹也没有用辈字起名的。看了我家的家谱轴子后也很感叹，要不是这次寒假地理作业，我根本就不会知道我家有家谱，而且家谱还是画的。当然，也由此学到了很多有趣的知识，像我的姓氏竟然可能来源于姜太公，丘氏可能是姜尚的后代，又或许为鲜卑族人的后代，这一切，真的很神奇。

关于迁移

我的老家在章丘闫家峪乡。从地图上可以看出，那个地方皆是山，几代人都生活在山沟里。因为在山里，耕地很少，产出的粮食也不多，祖父的微薄收入远远不够维持生计，父亲叔伯们上学就是个大问题，但再苦再穷也没放弃受教育的机会。父亲兄弟几个都成家立业后，于1993年把祖父祖母接到章丘明水，一家人都走出了山区，日子也越来越好。从我家的情况来看，是有了文化知识的人为了追求更好的生活才进行的迁移，是从穷困落后的地区迁移到了较为发达的地区。

点评：这篇作业是邱晨回老家走访了很多长辈和查阅了很多资料完成的。它厚重，散发着青葱岁月的沉香；它有趣，装点着灵动的细节；它珍贵，演绎着时光的传奇；它古朴，流露着历史的深邃。她智慧的眼睛在找寻，在探究；她也在唤醒我们的记忆，让我们去感悟那些遥远的过去和热闹的现在……

梦开始的地方（节选）

2009级2班　朱思梦

以下介绍每代成员的生活水平、迁移经历、迁移原因及特点、朱家峪的文化教育等。

一、家族成员的生活水平

我的父系家族成员大部分居住在朱家峪或者明水城区，下面我将重点介绍一下生活在朱家峪的成员的情况。介绍的方式是以图片为主，加以文字说明。

朱家峪位于泰沂山脉北侧，章丘东部官庄乡境内。周围群山环抱，村内溪流纵横，山川形胜，钟灵毓秀。据《章丘县志》《章丘地名志》记载：朱家峪，原名城角峪、富山峪，明洪武四年（1371年），朱氏家族始祖朱良盛携家眷自河北枣强迁到该村，因“朱”是国姓，即与明太祖同姓，故更名为“朱家峪”。

朱家峪村位于章丘中部胡山东北方向，自然环境优美，气候宜人。属于温带季风气候，雨量较多，四季分明。古村总面积480亩，全村现有人口1886人（2009年）。

街道和老房子

街道和老房子

老一辈打铁的情景

石碾

石瓮

香喷喷的煎饼

通过以上照片，我知道了我的父辈、祖父辈乃至更遥远的族人的生活情境。如今，这里人们的生活水平也许刚刚达到小康，但是他们努力在世间的纷扰中保留下这些明清古建筑。无论在“文化大革命”或者更艰苦的时候，抑或是高速发展的今天，这里的人们始终没有用那些宝贵的历史换取短暂的、更快发展的时机，而是以一种更深沉、更质朴的方式向历史、向文化致敬。

同时，这些照片也告诉我们，我们虽然不是很富裕，但是生活水平会随着时代的发展变得越来越好。

二、迁移经历（迁移东北成员）、迁移原因及特点

在《闯关东》这部影视剧热播的时候，知道我老家在朱家峪的同学总是问我“闯关东”这段历史的真伪，而当时不看电视剧的我只能给他们一个模糊的回答。后来我渐渐知道，“闯关东”与朱家峪，这是一段真实的历史。

至于我的亲戚们是如何“闯关东”的，具体事例我没有找到，但是我可以通过本村其他人士的“闯关东”经历来还原一下当时的情况。

三、朱家峪的文化教育

朱家峪是一个重视文化教育的地方，从古代私塾，到新式学堂，再到现代学校，几百年来，教育事业延续不断。

朱家峪主要私塾一览表

塾师姓名	执教期限	校 址	备 考
朱 调	清代中后期	南北街，故居	德高望重
朱士坊	清末	南北街，故居	优廪生，英年早逝
朱逢寅	清末	朱氏南楼一院	明经进士（皇帝钦命）
朱廷访	清末	西崖头，故居南院	武秀才（坐式全身照片，保存完好）
朱廷鸿	清末	西北角，故居	秀才，庄长
朱连第	清末至民国年间	西北角，故居	女子学校创始人（开明人士）
朱秉枚	抗战前	朱氏北楼西院	
朱连勋	抗战初期	文峰山下一家	山阴小学重要创始人
朱连雷	抗战初期	南北街，朱秉兴故居	
赵继成	抗战前	东崖头，故居	正楷字书法名人
赵继和	抗战前至解放战争	东崖头，赵立琪故居	
张 游	抗战初年	东南角，张景文故居	章丘县第一任工委书记
李精一	民国前期	立交古桥南，东侧	西安国大代表冯玉祥部副官
李茂柏	建国前	坛井七桥北，故居	
马纯懋	清末至民国初年	西崖头北侧，故居	贡生（即贡献给[illegible]
马昌厚	抗战前	西崖头，故居	尊师重教
马福厚	民国至建国前	西崖头北侧，故居	故居，系清代四合院，进士朱逢寅门生

点评：朱思梦的作业美得像一个梦。这个梦那么真实，真实地凝固在小作者的眼睛和研究里，真实地凝固在历史的书卷里，真实地凝固在那些古朴的器具里，甚至我们还能闻到足以调动我们味觉的煎饼那温暖的甜香……还有建筑，那是凝固的历史。墙上的标语、灰灰的院墙、树上寂寞的鸟巢、曾经的习武石、老照片中或清晰或模糊的人和事，我们甚至能听到携家带口"闯关东"的马车辚辚开走，发出的真实声响……那些梦中的岁月如潮水般向我们涌来，让我们动容。这是朱思梦眼中的朱家峪，也是我们每个人梦中的朱家峪。

耕读延年

2009级2班　赵宇飞

我的老家在章丘龙山镇西城后村。春节期间，我带着寒假作业，利用回老家过年的机会，对本家族近几代的人口变化与迁移情况进行了调查。

一、家族人口变化情况

1. 见附图，本家族的人口出生、变化、成活率等情况。

2. 综合图中数据，可知：

① 曾祖父的父亲一代：共出生8人，成活率62%；

② 曾祖父一代：共出生12人，成活率50%；

③ 祖父一代：共出生17人，成活率80%；

④ 父亲一代：共出生9人，成活率100%；

⑤ 我这一代：共出生2人，成活率100%。

3. 家族中各代人寿命情况（仅本支）

曾祖父父亲：生卒不详，75岁。

曾祖父：1911.10—1977.5，66岁。

祖父：1943.6—1994.12，51岁。

4. 出生地与居住地

祖祖辈辈均出生在当地，居住、生活在当地。

5. 受教育情况

曾祖父以前，孩子出生较多，但成活率较低。他们几乎没读过书。

到祖父一代，除了年龄较大的一个老姑没有上过学，其他人都受到过不同程度的教育。到了父亲一代，大都接受了良好的教育，到目前共有三个大学生。目前我们接受的是九年义务教育和普通高中教育。

6. 生活状况

曾祖父以前，世代以务农为主，收入微薄，家庭贫困，生活水平很低。祖父除务农外，还担任了本村的代销员，后到供销社工作。二爷爷参军复员后，在供销社工作。祖父一代，经历了经济困难时期，直到改革开放后，生活才有了大的好转。我是目前最幸福的一代。

二、迁移情况

几代人均出生在当地，女子就近出嫁，没有迁移经历。

三、人口变化及迁移情况的原因分析

曾祖父及其父辈生活的时期，大约是清朝末年到20世纪70年代，受当时生产力水平的限制，家庭经济主要是小农经济，他们是老实巴交的庄稼人，靠种地养家糊口，生活水平低，家境贫寒，也没有能力上私塾接受教育。那时医疗条件差，因此生的孩子虽多，成活率却低；有的虽长大成人，却因病早逝。他们思想单纯、封闭保守，终生守着几亩地过活，因此也没有迁移的经历。

祖父一代，生活水平有所提高，但仍未摆脱贫困。他们这一代最大的变化是，新社会穷人的孩子有了上学接受教育的机会，文化程度大大提高。

到了父亲一代，特别是十一届三中全会后，家乡经济同全国大多数地区一样，乘着改革开放的东风，发生了翻天覆地的变化。计划生育政策的实行保证了优生优育。受教育程度和生活水平都有了质的提高。虽然没有迁移，但活动范围大大扩展。

（附图）

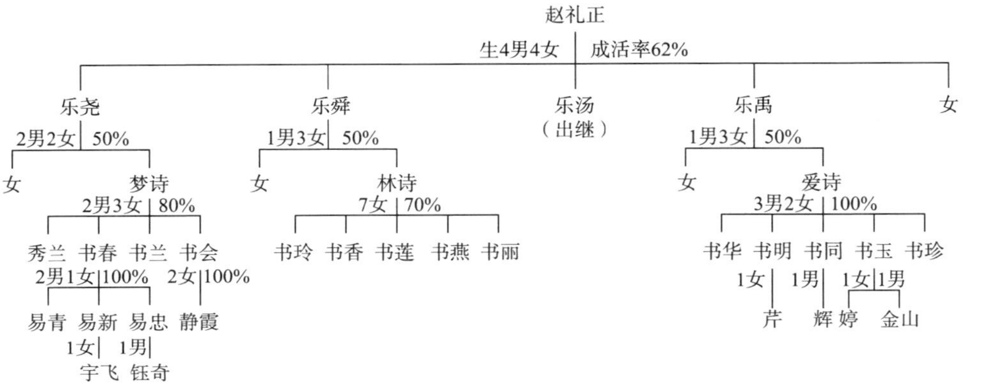

点评：宇飞的家族树折射出中华文化的博大精深，姓氏文化与历史文化的巧妙结合令人拍案叫绝。人的一生和多少人有尘缘？和多少人有温暖的挂牵？这对我们来说，是一种怎样的恩宠，怎样的幸福！爱，如此繁华，繁华得足够一生的回忆，足以老去所有的年华。爱，又如此寂寥，如同沉重的枷锁，背负着梦境，穿越一生的沧桑。不知爸爸的爷爷那一辈过的是怎样的生活呢？

人口的迁移

【课程标准】

运用资料，描述人口迁移的特点及其影响因素。

【任务单】

1. 小组讨论，结合国内外人口迁移历史确定项目主题。

2. 确定项目研究内容分工：资料收集与整理，制作项目宣传海报，确定项目成果展示方式（课件、视频、音频、动画等）。

【评价量规】

《人口迁移》项目学习研究过程评价量规

小组__________　　姓名__________

<table>
<tr><td>研究主题</td><td colspan="4"></td></tr>
<tr><td>评价指标</td><td>评价指标</td><td>评价
分值</td><td>学生自评</td><td>小组内
互评</td></tr>
<tr><td>选题价值</td><td>能依据课程标准和教学内容建议，结合人口迁移历史、社会热点或自己的家族故事确定合适的研究主题。</td><td rowspan="5">依据评价指标确定分值，得分在8—10分之间。</td><td></td><td></td></tr>
<tr><td>任务分工</td><td>具体明确，责任到人。</td><td></td><td></td></tr>
<tr><td>资料搜集</td><td>通过各种渠道搜集资料（网络、图书、电视等），资料来源可靠，资料有价值。</td><td></td><td></td></tr>
<tr><td>参与度</td><td>积极参与研究过程，按时高质量完成自己的研究任务，有研究反思。</td><td></td><td></td></tr>
<tr><td>小组合作</td><td>小组有团结进取的氛围，交流频繁，能经常商讨研究过程中出现的问题，并找出解决方案。</td><td></td><td></td></tr>
<tr><td>小计</td><td colspan="2"></td><td></td><td></td></tr>
<tr><td>总分</td><td colspan="4">（自评：50%，互评：50%）</td></tr>
</table>

续表

研究反思或建议：

《人口迁移》项目学习成果展示评价量规

展示小组__________　　评分小组__________

<table>
<tr><td>成果名称</td><td colspan="5"></td></tr>
<tr><td>评价指标</td><td>评价指标</td><td>评价分值</td><td>小组自评</td><td>小组互评</td><td>教师评价</td></tr>
<tr><td>宣传海报</td><td>各小组依据项目宣传海报的评分抽签确定展示顺序。</td><td>展示顺序1—3：10分
展示顺序4—8：9分</td><td></td><td></td><td></td></tr>
<tr><td>选题价值</td><td>项目主题具有代表性和典型性，能关注历史或现状，关注实际社会问题。</td><td rowspan="4">依据评价指标确定分值，得分在8~10分。</td><td></td><td></td><td></td></tr>
<tr><td>研究内容</td><td>资料详实，研究内容切合课程标准和学习内容，可以有所拓展。</td><td></td><td></td><td></td></tr>
<tr><td>课件制作</td><td>课件制作精美，表达方式多样，如图片、视频、音频、动画、文字等。</td><td></td><td></td><td></td></tr>
<tr><td>展示效果</td><td>展示形式新颖，展示人课件操作熟练，解说条理清晰，语言有吸引力。</td><td></td><td></td><td></td></tr>
</table>

续表

小计			
成果展示总分 （自评：30%，互评：30%，教师评价：40%）			
小组反思或建议：			

附：项目学习成果展示

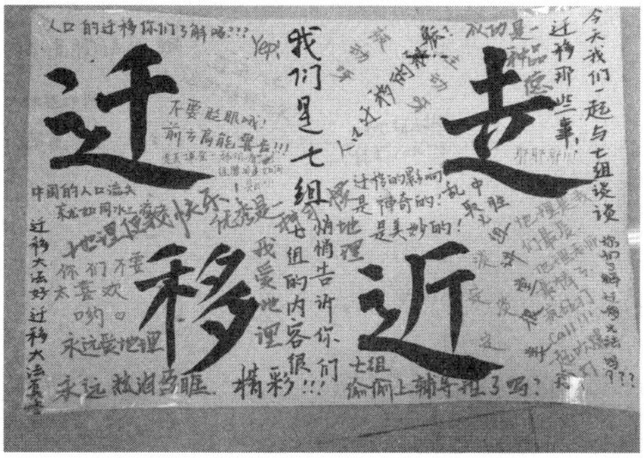

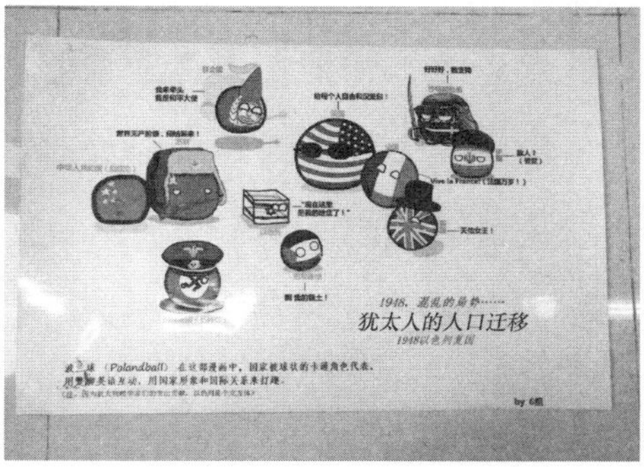

我为家乡文化代言

【课程标准】

结合实例，说明地域文化在城乡景观上的体现。

【任务单】

语言、建筑、地方艺术形式、宗教、生活习俗……它们再现着最原始、最真实的生活，记录着文化生态最本真的密码。生活中充满了谜题，唯有凭借自己的思想，自己的眼睛，才能找到最有价值的答案。从以下方面调查章丘的地域文化，为章丘文化代言。

（1）该地方言的丰富性及普通话的普及程度。

（2）有无地方特色艺术形式？如果有，是什么？影响如何？

（3）主要经济类型是什么？有哪些主导产业？

（4）该地建筑风格有何特色？

（5）人们的生活习俗有什么特点？有哪些重要节日？你对这些节日有哪些感受？

【内容评价量规】

方言及展示10分，特色艺术形式30分，经济类型及主导产业20分，建筑风格特色20分，生活习俗和节日20分。

【展示评价量规】

分小组展示，教师和其他小组打分，五分钟学生提问时间。

小组成员____________________________________

主题名称____________________________________

项目展示环节	赋分	得分
小组分工合理	10	
地域文化的资料收集与整理	10	
家乡民间艺术的调查采访	30	
地域文化海报设计	20	
对家乡地域文化传承的可行性建议	20	
对于现场所提问题的解答情况	10	

【成果展示（节选）】

家在章丘

高举　刘欣禹

一、章丘方言

章丘方言属于北方方言区中的华北方言，大致可分为以黄河、高官寨为中心的章北方言；以明水为中心的明水方言；以埰庄、文祖为中心的南部山区方言；以闫家峪、普集为中心的章东方言；以龙山、党家为中心的章西方言等。一般来说，章丘方言在声、韵、调、词汇、语法等方面与普通话都有一定差异。除此之外，章丘方言还有一些特色语言，表现力很强，值得揣摩。

二、章丘特产

1. 章丘大葱

章丘种植大葱已有几百年的历史，优良品种“大梧桐”，一般株高150厘米至170厘米，最高达到2米多，单株重0.5千克左右，有的达到1.5千克多，高、大、脆、白、甜的章丘大葱被誉为“世界葱王”。

2. 龙山小米

章丘名产龙山小米，从清朝乾隆年间开始向皇帝进献。龙山小米集中产于龙山村周围十里内，是一种无公害食品。

3. 明水香稻

“一株开花满坡香，一家煮饭四邻香”，明水香稻产于章丘明水，又称“泉头米”，已有2000余年的历史，从明朝开始就作为贡米向皇家进献，以浓郁的香味闻名中外。

4. 龙山黑陶

黑陶的造型千姿百态，以复杂造型为主，简单者较少，但都端庄优美，质感细腻润泽，光泽沉静典雅，具有一种如珍珠般的柔雅沉静之美，欣赏价值极高。

三、农村建筑

章丘的建筑风格很有特色，房屋建造也很讲究。

清末、民国时期，住房多为四合院，格局一般为：东南门、西南圈，进入大门就做饭（东屋为饭屋）。北屋是主房，一般3间至5间，高于其他房。配房东、西各2间至3间。还有的前庭后院，由北至南，后有台屋，长辈居住。前房有过道，两侧为晚辈居住。中上等人家，进大门有影壁，过影壁拐弯有二门子。房屋结构，富贵人家建砖瓦房；一般人家多石基、土坯墙、麦秸盖顶。南部山区，多乱石墙，薄石板檐，黄草盖顶；北部沿黄河地区，多砖基、土坯墙、秫秸箔加黄泥盖顶的平屋。

新中国成立后，建房格局基本如前，但盖新房者渐多。特别是1978年以来，盖房讲究前出厦、锁皮屋、水刷石前脸、瓷砖装饰、水泥地面、玻璃门窗。大门建筑形式多样，有的起脊，有的平顶，别具一格。城镇居民单元楼增多。经济条件好的村，统一规划，建居民新村，向阳房成排连片崛起。

近年来，随着城市住宅小区的开发建设，住房结构更加合理。人们开始追求大面积住房，同时注重住房的装修，使居住舒适化。

四、章丘特色艺术形式——章丘梆子

章丘梆子戏班分子弟班、科班两种。章丘梆子子弟班属于业余性质，一般春节期间进行演出，以自娱自乐为主。章丘梆子科班属于职业性质，以卖艺为生，经常在庙会和堂会上演出。演员的行头和脸谱的化妆，与京剧大多相同。章丘梆子也讲究唱、念、做、打、手、眼、身、法、步，在以上基本功和舞台的表现上也与京剧大体相同。此外，还保存有昆曲、本地乱弹、扬州乱弹、柳子、拨子、罗罗、二黄等声腔。乐队的编制不大，一般由二胡、京胡、八角月琴、唢呐、锣鼓班组成。

章丘梆子比较有影响的剧目有：《赵匡胤下河东》《双锁山》《临潼山》《破洪州》《宝剑记》等。其中，《宝剑记》是明朝嘉靖年间章丘才子李开先的代表作。

五、章丘节日

章丘人非常重视春节、中秋节、元宵节、端午节等传统节日。春节这一天，要给财神、灶神上供，以求得到他们的保佑、庇护，当然吃年夜饭、放烟花等是必不可少的。元宵节有赏花灯、看舞龙、舞狮、扭秧歌、骑小驴、坐花轿等表演，热闹气氛不言而喻。

希望各地在接受现代文明的同时，也要注意保护自己独特的文化。

点评：记得小时候每个节日都是特别的，二月二有炒年糕吃，清明节有鸡蛋吃，端午节有粽子吃，冬至有饺子吃，元宵节有灯会还有戏台，更不用说春节了……可是现在，人们对这些传统节日的情感渐渐疏远了。现代文明汹涌而至，绝不意味着文化也该“日新月异”，至少，曾经的文明不该被遗忘。

我为世界文化代言

2009年，我们做了《我为章丘文化代言》项目，学生的课堂展示虽然精彩，但是不免有雷同之处。

2014年以来的地域文化调查项目，我让学生自由选择：任选世界上你感兴趣的一个国家或地区，调查该地的地域文化，为该地的地域文化代言。

学生的展示，异彩纷呈。展示的形式以视频和幻灯片为主，还有的小组做了电子书。展示内容既有我们国家不同地区、不同民族丰富多彩的地域文化，更有亚洲、欧洲、非洲、美洲、大洋洲等地区的异域风情。项目展示还被学生创造性地应用在运动会开幕式上，为不同国家、不同城市、不同民族甚至不同时代地域文化代言的表演惊艳全场。

通过该项目的实施，让学生了解了世界文化，引发了学生对世界的思考和对生活的热爱，这就是项目学习的魅力吧！

附图：为民族文化代言、为城市文化代言项目展示

为民族文化代言

为民族文化代言

为城市文化代言

【课程标准】

结合实例，说明地域文化在城乡景观上的体现。

【任务单】

以小组为单位，选择你感兴趣的某个国家或地区，参照相关任务单调查该国家或该地区的地域文化，为该国家或该地区文化代言。

1. 自然地理特色：介绍该地的地理位置、气候、地形、自然资源等。

2. 饮食和着装：该地的饮食和着装有何特色？与地理环境的关系是什么？

3. 语言特点：人们如何交流？

4. 社会习俗：生日、成年仪式、衣着、婚姻、葬礼、庆典等。

5. 物质文化：该地建筑景观有何特点？有哪些工艺技术？与地理环境有何关系？

6. 地方艺术形式：该地典型的艺术形式是什么？

【评价量规】

《我为世界文化代言》展示内容评价量规

项目	分值	得分
自然地理	20	
饮食和着装	20	
语言	10	
社会习俗	20	
物质文化	10	
地方艺术形式	10	
其他	10	
总分	100	

《我为世界文化代言》展示效果评价量规

项目展示	满分	得分
全体参与	20	
信息全面	30	
艺术和色彩	10	
富有吸引力	30	
更多信息演示	10	
总分	100	

校园植物调查

【课程标准】

通过野外观察或运用视频、图像，识别主要植被，说明其与自然环境的关系。

【任务单】

从以下任务中任选其一，个人独立或小组合作完成。

1. 校园植物你能发现多少种？常绿的有哪些？落叶的有哪些？与地理环境有何关系？分布的位置如何？如有可能，请制作校园植物分布总图。

2. 你能否查阅一下哪些是引进品种，哪些是我们本地品种？你能否坚持收集它们四季的图片，不同季节有差别吗？

3. 截至交作业之前，已经开花的植物有哪些？分别在哪些位置？

必须配以图片。部分非常漂亮的植物，最好提供连续跟踪的每天定时间、定拍摄角度、定主体拍摄部位的图片。

4. 活动的感想及体会。通过活动，你对花草树木、对地理环境、对春天、对生活等有怎样的新感悟？

友情提示：可以聚焦植物分布、生活习性、栽培注意事项、园林及药用价值等用途，也可以探究该植物特征与自然环境的关系。

温馨提示

1. 注意爱护校园的一草一木，只观赏花草树木之美，不能随意踩踏，严禁折枝采花等不良行为。请同学们相互监督，观察时请注意安全。

2. 请将活动过程用相机或手机记录下来，配上文字材料，以便后期整理。

3. 作业形式不限。

【项目评价】

1. 作业尽量以电子版的形式发到我的邮箱，不具备条件的同学也可以交书面材料。

2. 设置一、二、三等奖。

【成果展示】

（注：该项目于2017年在章丘四中老校内实施，现学校迁至胡山脚下，原址已成为明水古城的一部分，以此为念。）

附一：校园植物调查成果汇总（部分）

校园花怒放

1. 连翘

位置：校庆河西尽头岸上、乔苑交流中心东南角、邹衍湖畔。

形态特征：落叶灌木，花金黄色、四枚、呈十字形、先于叶开放。

2. 迎春

位置：邹衍湖畔、校庆河畔。

形态特征：落叶灌木，花鲜黄色、顶端六裂或成复瓣。

3. 樱花

位置：1号教学楼后左右两侧的花坛内。

形态特征：落叶乔木。

4. 丁香

位置：1号教学楼的门厅前左右、乔苑交流中心东南。

形态特征：落叶灌木或小乔木。

5. 白玉兰

位置：乔苑交流中心东南角、邹衍湖畔。

形态特征：落叶乔木，高可达10米到15米，花在3月先叶开放。

6. 紫玉兰

位置：邹衍湖西北角。

形态特征：落叶灌木，高达3米。

校园春天

7. 紫荆

位置：1号教学楼前西侧花坛内。

形态特征：落叶乔木或灌木，花于老干上簇生或成总状花序。

8. 紫藤

位置：邹衍湖西北角小亭。

形态特征：落叶藤本植物。

9. 山楂

位置：现代化教育馆正门北侧。

形态特征：落叶灌木，枝密生，有细刺。

10. 泡桐

位置：乔苑内。

形态特征：落叶乔木，树皮灰色、灰褐色或灰黑色，花淡紫色或白色，顶生圆锥花序，由多数聚伞花序复合而成。

11. 海桐（又名七里香）

位置：图书实验楼中门南侧。

形态特征：常绿灌木或小乔木，高达3米。

校园里的七里香

常绿植物

1. 雪松

位置：1号楼前东侧花坛内、1号楼北侧。

形态特征：常绿乔木，叶针状、质硬、先端尖细。

2. 泰山黑松

位置：图书实验楼中门东侧。

形态特征：常绿乔木，树皮带灰黑色。

3. 千头柏

位置：进入西门后主干大道的两侧、篮球场西侧。

形态特征：常绿灌木。

4. 云杉

位置：食堂北侧。

形态特征：常绿乔木，株高可达30米。

5. 剑麻

位置：乔苑、现代化教育馆西侧。

形态特征：旱生、肉质、多年生草本植物。

6. 洋玉兰

位置：图书实验楼前西北角、交流中心东侧。

形态特征：常绿乔木，叶厚革质。

7. 红叶石楠

位置：邹衍湖西侧、乔苑内。

形态特征：常绿灌木至小乔木，株高4～6米，叶革质。

8. 大叶黄杨，又名冬青

位置：现代化教育馆北侧、办公楼南侧、办公楼与2号楼之间。

形态特征：常绿灌木或小乔木。

9. 芭蕉

位置：图书实验楼前花坛内。

形态特征：常绿大型多年生草本植物。

落叶植物

1. 垂柳

位置：现代化教育馆前路的西侧。

形态特征：落叶乔木。

2. 悬铃木

位置：西校门主干道两侧及餐厅前主干道的西侧、1号教学楼楼北侧。

形态特征：落叶大乔木，高可达35米。

3. 银杏

位置：1号教学楼前西侧花池内。

形态特征：落叶乔木，高大挺拔，叶似扇形。

4. 水杉

位置：邹衍湖东侧。

形态特征：落叶乔木，高达35～41.5米。

5. 龙爪槐

位置：校庆河上小桥两侧、食堂北侧。

形态特征：落叶乔木。

6. 毛白杨

位置：交流中心西侧、2号教学楼北侧。

形态特征：落叶乔木，高达30米。

附二：美文类作业

校园剪辑之春意盎然

邢月

这是我来到四中的第一个春天，偌大的校园到处洋溢着春天的气息，生机勃勃，美不胜收。

教学楼、交流中心、图书实验楼、食堂、操场、现代化教育馆，无一不被绿色环绕。亭台楼阁，幽幽小径，彰显名校风范；清波荡漾，杨柳依依，透彻青春风采。

即使摄影技术有限，我依然按捺不住内心想要将这番美景留住的冲动。于是，我拿起相机，漫步校园，开始了校园剪辑……

一起来看看我的成果吧！

邹衍湖

各种植物竞相生长

神秘的交流中心西巷

校庆河

亭子一角

教学楼一角

我终于知道，连翘和迎春原来不是同一种植物。

连翘：落叶灌木，小枝褐色，稍有棱，髓中空，节间中空。花金黄色，四枚，呈十字形，先叶开放。

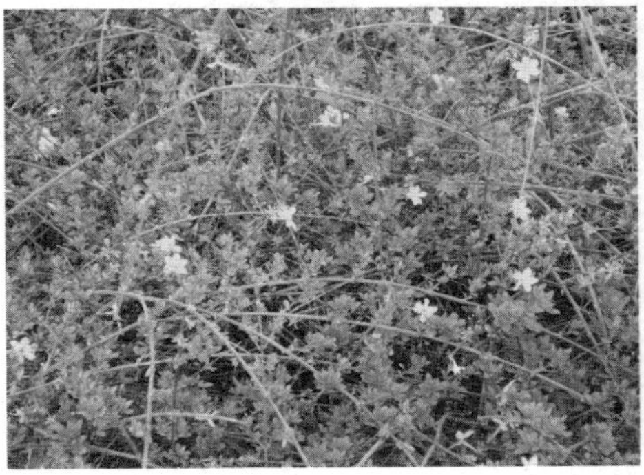

迎春花和连翘

迎春：落叶灌木，枝条细长，侧枝健壮，四棱形，绿色。花单生于叶腋间，花冠高脚杯状，鲜黄色，顶端六裂，或成复瓣。

以前一直听人说起丁香，却一直不知道是什么样子，实属孤陋寡闻啊。

丁香花开

丁香：落叶灌木，花色淡雅、芳香，以白色和紫色居多。

绿油油的萱草真是惹人爱。

萱草

萱草：百合科单子叶植物，别名谖草、忘忧草、宜男等。花色淡黄、橘红等，六至十二朵，六七月间开，呈喇叭状。萱草，英文名字为“day lily”，意思是只开一天的百合花，因为单朵萱草，常是凌晨开放，日暮闭合，午夜萎谢，只有一天的美丽。

校园里的七里香

海桐：又名七里香，常绿灌木或小乔木，高达3米，枝叶密生，厚革质叶片。

春天，就应走出教室，走出家门，感受自然气息。让我们行动起来，抓拍校园里的精彩瞬间，与大自然对话吧。

聚焦生态脆弱区

【课程标准】

以某生态脆弱区为例，说明该类地区存在的环境与发展问题，以及综合治理措施。

【任务单】

1. 选定一个主题区域（南方喀斯特地貌分布区/北方农牧交错地带/沙漠边缘/其他自选区域等），用地图清晰呈现该区域的范围。

2. 用图文资料说明该区域的概况及存在的环境与发展问题。

3. 试着说明两条以上的综合治理措施。

4. 设计本组项目展示的主题海报。

5. 组内成员合理分工，全员参与。

6. 以视频或研究报告形式进行展讲，观察员依据评价量规进行打分。

【评价量规】

《生态脆弱区的综合治理》项目评价量规

小组：________　　主题：________________________

项目	项目内容及评分等级	展示小组得分
展示流程（50分）	主题区域明确（0分，5分，10分）	
	小组展示活动清楚直观，明确该区域主要特征和问题（10分，15分，20分）	
	宣传海报的表现力（10分，15分，20分）	
	展示内容与时间安排合理（0分，5分，10分）	
成员参与度（20分）	小组展示活动自然流畅，普通话清晰、声音响亮，具有表现力（5分，7分，10分）	
	小组成员能够运用收集的信息回答有关该区域的问题（0分，5分，10分）	
活动效果（20分）	信息清晰，讲解逻辑性强，聚焦该区域存在的环境与发展问题、解决措施（0分，10分，20分）	

【项目展示：海报来袭】

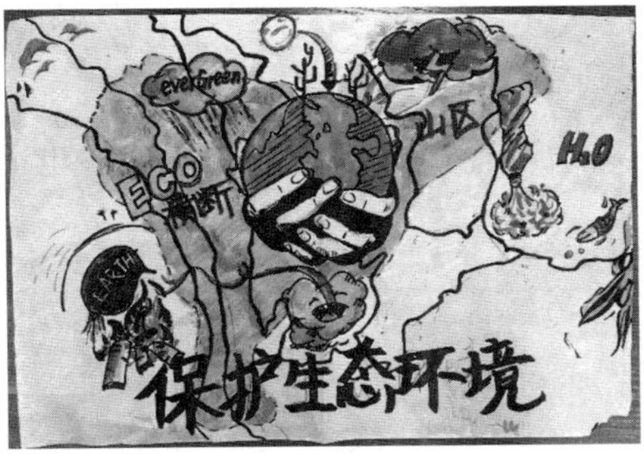

正午太阳高度角与采光

【课程标准】

结合实例，说明地球运动的地理意义。

【任务单】

1. 依据正午太阳高度角的季节变化规律对住房采光的影响，对小区住宅的楼层、楼间距、楼的方位进行初步规划设计。

2. 任选一居民小区，测量楼高、楼间距，计算正午太阳高度角和冬至日影长，提供证据对话房地产开发商。

一期项目任务单：住房需求采访和小区住宅规划设计

1. 采访周边人群，若购买住房，对住房有何要求？为什么？

被采访人	主要要素及理由

2. 章丘（36°43′N，117°30′E）有一块长200米、宽160米的长方形土地（如下图），现规划建设为阳光住宅小区，有两种设计方案：

方案一：全部住宅楼规划建设为多层建筑（共6层），东西走向，坐北朝南，层高为3米，楼长为60米，楼宽为15米。

方案二：全部住宅楼规划建设为高层建筑（共11层），东西走向，坐北朝南，层高为3米，楼长为60米，楼宽为15米。

任选一种方案，从一楼采光的角度，在楼间距不小于最小楼间距的情况下，该方案最多建多少栋住宅楼？请完善下面的规划设计图。

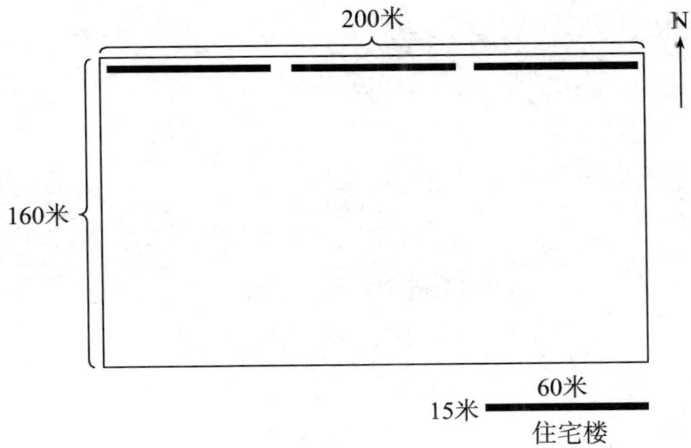

阳光住宅小区规划设计图

温馨提示：请各组同学将规划过程进行梳理归纳，任选一种方式（如PPT、word文档、视频解读等）完成作品，优秀作品将在课堂上展示。

一期项目成果展示、修改与完善

环节一：优秀作品展示

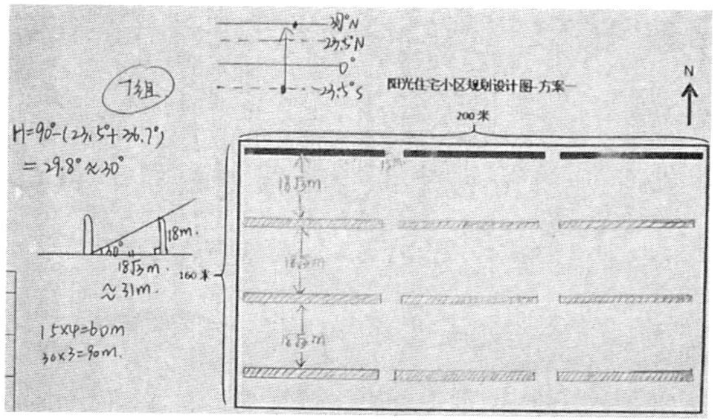

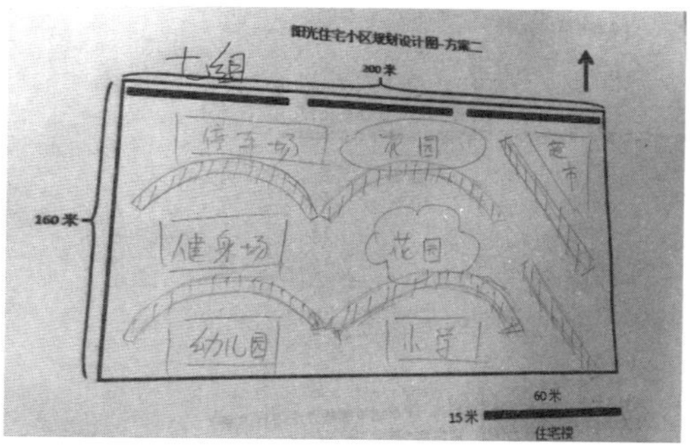

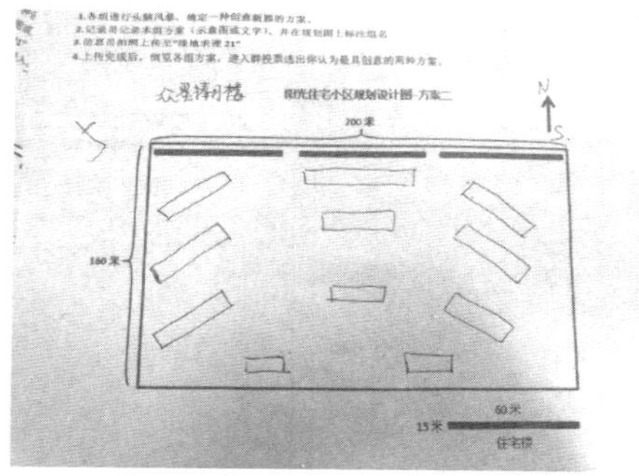

环节二：头脑风暴—秀出我的创意

如果要进一步节省建筑用地，提高经济效益，应该如何完善规划设计图？

温馨提示：

1. 各组进行头脑风暴，确定一种创意方案。

2. 记录员记录本组方案（示意图或文字），并在规划图上标注组名。

3. 信息员拍照上传。

4. 上传完成后，浏览各组方案，进入群投票选出你认为最具创意的两种方案。

二期项目任务单：不要遮住我的阳光——对话地产开发商

随着经济的不断发展，大量人口涌入城市，土地资源越来越稀缺，市场上的房子也建得越来越高、越来越密。近几年网上经常有居住在低楼层的居民反映冬季采光不足。为了改善居民的居住环境，请同学们任选一个小区进行项目研究。

《不要遮住我的阳光——对话地产开发商》项目任务单

人员	研究任务
全组	1. 选择所在小区。
全组	2. 在小区内选取一栋楼，获取该楼所处的经纬度。
分工	3. 设法测量并获取该楼高度，陈述有哪些测量方法。
分工	4. 测量并获取该楼与北侧楼房之间的楼间距。
全体	5. 计算冬至正午时该楼的影长。

续表

人员	研究任务
全体	6. 用数据说明冬至日南楼影子是否会遮挡北侧楼房的阳光。如遮挡，计算能遮挡多长时间(从××月××日到××月××日)。如不遮挡，计算如果楼间距为冬至日影长的一半，北侧一楼阳光被遮住的时间(从××月××日到××月××日)。
全体	7. 与房地产开发商进行对话。

《不要遮住我的阳光——对话地产开发商》项目评价量规

展示小组：________　　总分：________

小组成员：____________________

项目内容及赋分	得分
小区所在地区，小区名称。(10分)	
楼房高度及测量方法。(30分)	
楼间距及获取方法。(10分)	
冬至日正午影长的计算。(20分)	
是否被遮挡与遮挡时间的计算(如无遮挡，请计算楼间距为冬至日正午影长的一半，北楼一层阳光被遮挡的时间)。(30分)	
写出跟房地产开发商对话内容的提纲(主题围绕改善楼间距、合理采光、提高居民居住环境进行)。(20分)	
项目总分。(120分)	

小寒

“小寒时处二三九，天寒地冻冷到抖。”窗外，落雪如雾，在深沉如海的天地间，氤氲出一片朦胧的白。让人开始怀念，某个遥远的春日……年少时的期盼，是峥嵘的季节里，一颗小小的蓓蕾，被放在岁月的书里，做成标本。一切从未开始，一切都已过去。多少年后，当天色转暗，风转冷，在这样一个被落雪打湿的黄昏里，你用颤抖的手指，不经意地翻阅日子，会不会发现：那被时光尘封的秘密，那被沉默覆盖的心事，那秀发黛目时错过的时光和你……

大寒

“腊七腊八，冻死寒鸦”，这是一年中最冷的时节，寒极必暖，冬尽春生，新的轮回即将开始。“大寒宜近火，无事莫开门”，淡去世事浮华、地冻天寒，打开一本书，便像走进了一个新的世界。听《诗经》里“彼黍离离”的喟叹和“今我来思”的咏唱，仿佛又听到三千年前朴拙而纯真的歌声；读《红楼梦》，触动与曹雪芹“怀金悼玉”同样的辛酸。李白的疏狂、杜甫的沉郁、东坡的达观、易安的忧悒、马致远的苍凉，都让人无可拒绝地沉溺。有时也会随哈姆雷特彷徨，与奥利弗一同啜泣，在嵇康叮叮当当的打铁声中走神，触摸复活的悲欢，领略康河的水草，漫步江南的雨巷。还有张爱玲，听她咿咿呀呀的胡琴，有着铜绿的沉香炉，还有炉里的茉莉香片，氤氤氲氲地，散发着陈年的香气。在这个世界上，总有一本书能让你在这寒冷的时节忘掉寂寞。

附录　成长的节点

一生中能有多少梦想？一帧帧记忆成为一幅幅风景，或爆裂成花束，或飘浮成云朵，那些年轻的梦想，是我的一生行止，还是诗与远方？

课堂有光

一直相信生命应该做点什么，好让平淡如水的生活里，有一点激动与喝彩，好让如梭的岁月无声流逝之后，总还有些什么值得回忆和纪念，好让有一天自己可以骄傲地说：生命无悔。

我想呈现的，是一个普通教师的生活和追求，我想让每一个像我一样普通的你知道，成功和优秀没有那么玄，普通人同样可以智慧、幸福、骄傲、充满阳光地生活，每个人的心里都蕴含着一个宇宙。

我的世界很小，梦想很大，但支撑我的梦想，一方课堂就已足够。那是我的天造地设，是我今生所有的回忆和满满的幸福。每一次教学创新和实践都会带来不一样的生命体验，让我在小小的课堂里阅遍万水千山，看尽沧海桑田。

一、爱与智慧，让课堂有光

我心中的理想课堂，不仅仅是“授之以鱼”——教给学生知识；也不仅仅是“授之以渔”——教给学生学习方法，如果学生不喜欢，你教的方法再好又有什么用？我认为最重要的，是让学生爱上学习。只有学生在你的课堂上变得喜欢学习，他才会享受学习的过程，开启内生的动力，进而影响他的一生。

学生们在我面前无拘无束，他们有心事时喜欢对我倾诉，班里有活动也喜欢拉着我参加。在学生眼里，我不仅是他们的老师，更是他们的朋友。曾经有学生对我爱人说："王老师影响了我们一代人。"

对教育、对孩子的爱，能够使一个老师变得聪明起来。刚毕业一年的我，获得学校教学百花奖。第二年，获得章丘市优质课比赛第一名。接下来，年轻的我参加济南市优质课比赛，那时的课堂还基本是灌输式，很多教师只注重自己在课堂上的表现，而我更注重启发学生思考和课堂展示。为了提高教学效率，我大胆运用录像片辅助教学。当时学校只有一台旧录像机，我一次次骑着自行车去章丘电视台，从一盘盘录像带中找资料，制作、合成小视频。那节课学生积极参与、踊跃发言，精彩的表现打动了每一位评委，课下学生们围成一圈跟我交流的场景一直留在我的记忆里。那次比赛我明白了一个道理：做人要正，做事要奇。这个世界上很少有人是依靠从众而成功的。

2008年12月，美国康州教育考察团来我校参观，学校安排我讲一节双语课，备课的时间只有两天。

这在以前没有先例。如果讲得太专业，学生很难接受；如果英语和汉语混杂，会留下笑柄。当时我的压力很大，可是，没有退路。我咨询英语老师，查阅词典，反复推敲，力求智慧而又生动地设计教学环节。

那节双语课安排在2008级22班，学生听说用英语学地理，特别兴奋，他们也是第一次体验双语教学。那节课学生热烈地讨论，积极地发言。考察团的老师们被我们的课堂气氛所感染，他们充满好奇地加入学生的讨论。课后，康州督学卡内基夫人说我是她遇到的最优秀的教师。后来，2008级22班的学生曾不止一次地在学校电台为我点歌。

2007年1月，全国第五届教师教学能力竞赛在海南举行，我被选送参加比赛，来自全国各地的教学高手云集海南。我以青藏铁路为案例重组教材，用精美的青藏高原系列图片配上歌曲《天路》作为情境导入，一下子就把学生的注意力吸引了过来。我一步步创设问题情境，引领学生观察、思考、讨论、发言。那节课上，学生的表现感染了在场的每个人。

那次比赛，我得了第一名。颁奖大会上，专家对我的课进行了特别点评，专家说我的课情境创设和问题设计新颖独特，充分调动了学生的思维，是让人眼前一亮的创新课堂。

一次次讲课比赛的成功，让我明白了一个道理：能“一鸣惊人”的，必定在“不鸣则已”的时候，不断养精蓄锐；能“动如脱兔”的，必定在“静如处子”的时候，细细观察，韬光养晦；能“一夕成名”的，必定在那“一夕”之前，有着千百个夜晚的暗暗演练。

二、静水流深，开发课程资源

我喜欢“浸”这个字，一个人的一生，若有一样东西，能使他浸在里面，也就不算虚度了。仿佛水一样，这种东西，慢慢上升，淹没了你的每一寸肌肤，震颤了你的每一缕思绪，洗涤了你的每一丝杂念。在里面，你绝对的纯净，绝对的快乐，而世俗的东西都已不复存在，那是只属于你的溢彩流光的世界。

针对地理学科文理兼具、抽象与直观并存、图文资料多样化的学科特点，我大胆创新，依据课标重组教材，把自己的教学思想用多媒体课件的形式创造性地表达出来，使地理课堂不再抽象难懂，而是眉眼分明，充满智慧。

我的标准很简单，就是做到让学生喜欢学。

2006年9月，章丘市（区）教育局任命我为名师办副主任。我回家跟父母说：我可能就要去教育局“当官”了，但我又恋恋不舍课堂教学。于是，我决定在去“当官”之前把教学中精彩的课留存下来，开始痴迷于制作课件……这一做就是五年，终于制作完成了高中全部必修教材的多媒体教学课件。虽然我最终没有去“当官”，但那五年的静静努力和成长，却成为我生命里的峥嵘岁月。

每设计一节课，我都会想出几种思路，然后反复推敲和修改。有时一个小动画的设计制作要用掉好几天……简直到了一种痴迷的程度。有一天晚上我关上电脑准备回家时，才发现已是凌晨，整个教学楼已空无一人！静音的手机上，是爱人打来的十几个未接电话。

好朋友问我：“你早已是高级教师了，何苦这么拼命，多累啊？”其实一个人做自己喜欢的事再忙也不觉得累，做不喜欢的事再轻松也是累。在这个世界上，能做自己喜欢的事情，本身就是一种奢侈。

夜深人静的时候，静坐于电脑前，键盘轻扣间，你的教学思想、教学智慧能够以一种很具体、很灵动、很漂亮的方式凝固下来，你清晰真切地感受着生命原来可以这样有声有色地流过！若干年后，翻开这些东西，便会回到那一个个年轻且充满梦想的日子，心里甚至能够感觉到所有逝去的时光都能重来时的狂喜和感激，这是多么美妙的事！

有一种奇迹可以期待，是煎熬的也是美妙的；有一种信念可以坚守，是辛苦的也是幸福的。我的多媒体课件专辑《轻松快乐学地理》由山东教育出版社出版，影响了很多老师的地理课堂。

三、幸福在心，携智慧和阳光漫步

我一直认为，教师的职业境界有三个层次：

第一个层次，是中规中矩、认认真真的教师。他们为生活而奔波，是辛苦的。

第二个层次，是忘我奉献的模范教师，他们是可敬而可怕的。我们的模范教师，常常忘我，甚至因为工作牺牲了健康和家庭。

第三个层次，是充满幸福感的教师。他们工作的热情从内心深处油然而生，他们不仅仅是为了工作而工作，更是因为喜欢，因为发现了乐趣。命运也总是褒奖他们，最后他们总能从工作中得到满满的幸福的回报。

我一直相信，只有当第三个境界的教师越来越多的时候，我们的教育才能成为幸福和谐的教育。

然而，身边众多教师的职业倦怠问题，让人深感忧虑。为了解决这个问题，我做了大量的师生问卷调查，深入了解众多教师的职业心态与工作状况。

通过深入研究，我发现解决职业倦怠问题，必须改变教师的内部心态和外部生态，让老师们在用心工作、探索创新中感受到职业的乐趣和自身的价值，在不断的发展与进步中体会到专业成长的快乐和幸福。

我把自己的实践感悟和研究成果写进了我的第一本书——《携智慧和阳光漫步》，该书由山东教育出版社出版。2009年4月，山东省教育厅作为重要资料在全国规范办学行为现场会上发放此书，教育部领导也给予了高度评价，并把它批转给了教育部师范司。该书的公开发行和传播，引起了广大一线教师的共鸣，影响了一大批教学一线的普通教师，使他们开始走出职业倦怠，用充满智慧的大脑思索教育，用充满阳光的心态对待自己的教育生活。

四、天地课堂，实践性学习之旅

在多年教学中，我发现，许多学生难以理解的问题，不是因为题目本身难度过大，而是由于学生缺少必要的生活经验支撑，无法实现知识学习的“同化”和”顺应”而导致的。我从2008年开始，着手建立知识学习与生活实践相互促进、相互支撑的大课程教学体系。

打开局面的不一定是浓墨重彩的大手笔，一次不一样的作业，一次征文，一次调查，一篇感悟，一次与父母的谈心，一次工厂的参观，一篇游记，一次生活体验，一次自然现象的观察，对一种社会现象的切身感受……都有可能打开一个令人欣喜的局面。

我依据课程标准，开发了46个高中地理实践性学习专题，并精心设计了每个专题的实施方案。如针对学生不辨东西南北、不知道农作物的收播季节等状况，我带领学生野外考察；针对人文地理学习内容，我布置了家族人口变迁史调查、商业中心调查和地域文化调查的假期作业，大大激发了学生的学习热情。

基于学科教学的实践性学习情况，我与学生创办了校刊《探索者》。很快，历史、生物、化学、政治等学科也开始了实践性学习的探索……一路走来，我和我的团队在不经意间开启了一个崭新的世界，使知识和教育有了温度，有了色彩。

我一直认为，生活重要的是过程，荣誉和成绩只是一种外在的东西，是我们优秀生活的副产品。当我们沉下心来努力生活的时候，这些副产品就会不期而至。我先后获得济南市优质课比赛第一名、山东省优质课比赛一等奖和

实践性学习校刊《探索者》

全国优质课比赛第一名。被评为国家基础教育教学创新先锋教师、山东省年度教育创新人物，入选教育部“国培计划”第三批专家库成员，被聘为山东省课程团队专家、山东师范大学硕士研究生导师。

五、步入新境，项目学习探索

在教育从“知识时代”步入“素养时代”的背景下，素养导向的课堂变革应时而生，项目学习是素养落实到具体教学中的锚点。但项目学习因为复杂化的解读被蒙上了神秘的面纱，有关专家系统且高端的培训更是让广大中小学教师对项目学习望而却步。如评价量规的设计环节就让大家一头雾水，老师们提交到网上的评价量规设计复杂且笼统，在进行评价实践时才发现，那些复杂、笼统的评价量规，就是些“花架子”，根本不实用。

2010年，教育部从全国遴选15位赴美研修教师，经过层层选拔，我作为山东唯一入选者赴美访学6个月。我通过课堂观察、专题访谈、问卷调查、听讲座、影随实践体验等方式开展研修，研究领域从教学方式到课程理念，从校园文化到学校管理……我参观了十几所学校，观课400多节，涉及30多门学科，讲解中国文化40多场，写下了50多万字的访学笔记，试图洞察美国教育教学动态，为国家课程改革提供借鉴。后来，我的访学笔记《美国学堂记》，在山东教育出版社出版。2012年，我作为翻译兼领队带领齐鲁名师考察团赴澳大利亚访学，听课100多节……这些经历引发了我对学科项目学习的关注，也开启了我十年来的

齐鲁名师考察团在南澳州

学科项目学习探索与实践之旅……

2013年，我参加中国教育电视台的《基于21世纪能力培养的项目学习与评价》节目录制；2014年，我执教《英特尔项目学习和评价》课程，培训全省暑期研修学科组长；2015年，我们的项目案例在山东省暑期研修中供全省地理教师研讨学习；2021年，我们的项目学习探索获济南市基础教育教学成果一等奖，入选济南市首批高中学科基地。近十年来，我们在省内外做项目学习案例分享近百次，给一线教学提供了一系列切实可行的项目实施范本……

六、扬帆远航，不为彼岸只为海

我一直相信，在世界的另一个地方，有一个更好的我。对于我，前行的动力不是来自浓墨重彩的大手笔，而是一些不经意的小细节，自然的气象万千，生活中的细小瞬间，都是人生大美。日常教学中小小的创新和顿悟，课堂上新鲜的小细节甚至是小意外，彼此间的“斗智斗勇”，那些明净、智慧甚至狡黠的星星般的眼睛，就是我生命的词汇，生命的表达，也是我生命的叙事，生命的抒情，更是我生命的修辞。

我一直想做学生生命里的贵人，多年后惊觉学生才是我生命里的贵人，是我的学生成全了我，给了我被需要感、被围绕感和被信任感。那些柔情蜜意的学生来信；走廊里的一声问候；街上偶遇以前的学生，与他一同回忆快乐的课堂；一两天不见，进教室时学生情不自禁地鼓掌；被学生大呼“女神”……给了我太多大大小小的快乐，让我找到生命存在最清晰的理由。

我一直是美好教育的践行者。从教多年后，我开始希望走出安静的“小我”，让自己的教育思想、教学实践影响到更多像我一样的一线教师。我相信，只要自己足够用心和努力，机遇和平台一定会在某一天找上门。每一条走过来的路径都有它不得不那样跋涉的理由，每一条要走过去的前途也有它不得不那样选择的方向，机遇是给有准备者的礼物，它从来不会无缘无故地厚待任何一个人。

教学，是我遇到的最有趣、最神奇的事情。在我们的生命里，时间是经，空间如纬，细细密密地留下了极有规律的秘密注解。年轻时的我们茫然不知，多年之后蓦然回首，才发现一切脉络历历在目，方才微笑着相信了往昔种种皆有深意，一切都是最好的安排。

春夏秋冬有序轮回，日月星辰默默运行，以后的生命中有无数我们预测不到的精彩或平淡的故事、欢乐或悲伤的情节、情理之中或意料之外的奇迹，生命因为不可知的未来而充满希望。唯一可以确定的是：每个降临到这个世界的人都自带粮草和地图；那些去看世界的人，脚下一直有远方。

流年

在我很小的时候，每逢过年，左邻右舍都找奶奶裁布料做衣服，她从不厌烦。有一天，奶奶放下正在裁剪的布料，笑着对我说：“人这一辈子，不管干啥，哪怕你修个自行车或绣个小花样，只要人家一想到这个活，就想到你，你这一辈子就没有白活。”

多年以后，在哈佛校园里，亦有一物让我动容，那就是被称为“哈佛之宝”的玻璃花。在那座自然历史博物馆里，陈列着847个物种4400多件用玻璃制作的栩栩如生的植物标本，全部出自德国的布氏父子之手，他们用一生的时间沉迷这一件事，让全世界为之倾倒。

该是怎样的热爱，怎样的投入，才能让玻璃脱胎换骨，让黄金和钻石都黯然失色？

我相信，一个人围着一件事转，最后全世界可能都围着你转；一个人围着全世界转，全世界都可能会抛弃你。善待生命最好的方式，就是沉下心来，做最好的自己。我深深地知道，生命本身应该有它的意义，一切努力都不会白费。即使我不能把人生积淀下来的岁月酿成好酒，至少可以过得踏实一些。

我一直梦想能用一种魔法，留住每一个寻常的日子和种在心里的缤纷瞬间。那永不再来的青春容颜，那心里的梦想和双目之中的灼灼神采，那不为人知的喜悦和忧伤……即使幻化成远方的风景，只要我想，就能立刻唤醒它们，唤醒那些奔跑如风的画面和被偷换的流年。

我也想，让每一个像我一样普通的你知道，上帝给我们的智慧足以让我们把一件事做到极致，足以让我们安身立命，让喜悦开出花朵，让幸福熙熙攘攘，让四季活色生香。

这本书，是我三十年教学生涯中的点滴。记述下来，但求这些“念念不忘”的瞬间不要在我的念念不忘中一点点散失，留在若干年后某个叶将落尽的秋日，给自己内心一个浪漫、安全而温暖的投靠。

家人的理解和支持，尤其是儿子的发展和成长，是我内在力量的源泉。

那些曾经帮助、激励过我的人，所有关爱过我和我关爱的人，谢谢在这个星球上遇到你们，因为你们，我的生命里有那么多美好时光。

还有奶奶……

她是我生命里的光。在热闹的人群中，在陌生的街角，在忧来无方的时候，在某个不经意的瞬间，让我驻足。流云不语，天空静默，阔叶树的清影里，她是心底最温暖的定格。她知道我的每一种期待，每一个梦想，相信她最爱的那个孩子，终会凭借认真与执着，让世俗的慧黠黯然失色。

秋天走过这座北方的小城，法国梧桐黄绿参半的叶子零零星星地落，让我想起很早以前的某个秋天——盎然的青春、秀发黛目，穿花格子大衬衫，骑着自行车在汇泉路上飞驰的秋天……在秋木的沉香里，我满心欢喜地写完本书最后一行字。

2021.10.17于明水